Schatten der Macht
Enthüllungen, die die Welt erschüttern werden

AF272852

Hacker CipherShadow

Schatten der Macht

Enthüllungen, die die Welt erschüttern werden

Bibliografische Information der Deutschen
Nationalbibliothek
Die Deutsche Nationalbibliothek verzeichnet
diese Publikation in der Deutschen
Nationalbibliografie; detaillierte bibliografische
Daten sind im Internet Über http://dnb.d-nb.de
abrufbar.

ISBN   9783757853259

19,99 Euro

Sehr geehrte Leserinnen und Leser,

es ist mir eine große Ehre, Ihnen das Buch "Hacker CipherShadow - Schatten der Macht: Enthüllungen, die die Welt erschüttern werden" vorstellen zu dürfen. In den folgenden Seiten werden Sie auf eine außergewöhnliche Reise durch die komplexen Verflechtungen unserer Zeit geführt.

Wir befinden uns in einer Ära des Wandels, geprägt von globalen Herausforderungen und beispiellosen Ereignissen. Der Konflikt in der Ukraine, die COVID-19-Pandemie und der Einfluss rechtspopulistischer Bewegungen wie der AfD sind nur einige der einschneidenden Themen, die unsere Welt bewegen.

Inmitten dieses Strudels aus Ereignissen und Entwicklungen gibt es eine Kraft, die in den Schatten der Macht operiert – Hacker CipherShadow. Seine Fähigkeiten sind bemerkenswert, sein Wissen tiefgründig, und seine Enthüllungen haben das Potenzial, die Grundfesten unserer Gesellschaft zu erschüttern.

Dieses Buch enthält Informationen, die oft unbeachtet in den Tiefen der digitalen Welt schlummerten. CipherShadow bringt sie ans Licht, mit dem Ziel, die Wahrheit offen darzulegen und auf mögliche Missstände aufmerksam zu machen. Doch mit dieser Aufdeckung geht auch eine Verantwortung einher, denn die Enthüllungen könnten weitreichende Auswirkungen auf politische und soziale Dynamiken haben.

Als Leserinnen und Leser haben Sie nun die Möglichkeit, sich auf eine kritische Reise zu begeben. Die Informationen in diesem Buch mögen Sie zum Nachdenken anregen und die Augen öffnen für die

Macht der Technologie und die Rolle der Hacker in unserer modernen Welt.

Ich möchte Sie ermutigen, dieses Buch mit einer kritischen Haltung zu betrachten und eigene Schlussfolgerungen zu ziehen. Die Welt, die Ihnen hier präsentiert wird, ist eine, die oft im Verborgenen agiert, doch sie kann dennoch unsere Realität nachhaltig beeinflussen.

Ich danke Ihnen für Ihr Interesse an diesem Buch und wünsche Ihnen eine aufschlussreiche Lektüre, die Sie dazu ermutigt, die Komplexität der Zeit, in der wir leben, zu verstehen und zu hinterfragen.

Mit besten Grüßen,
Cipher

```html
<!DOCTYPE html>

<html xmlns="http://www.w3.org/1999/xhtml">
<head>
   <meta http-equiv="Content-Type"
content="text/html; charset=utf-8" />
   <title>首页--中国地理学会官网</title>
   <meta name="keywords" content="中国地理学会
,GSC,社会团体,The Geographical Society of China,中国
科学院地理科学与资源研究所"/>
   <meta name="description" content="中国地理学会（
The Geographical Society of China，缩写：GSC）是由
全国广大地理工作者自愿组成、在中华人民共和国民政部依
法登记注册、具有独立法人资格的全国性、公益性、学术性
的社会团体，是中国科学技术协会的重要组成部分，是我国
发展地理科学事业的重要社会力量。学会挂靠在中国科学院
地理科学与资源研究所。" />
   <link rel="stylesheet" type="text/css"
href="/static/css/public.css" />
   <link rel="stylesheet" type="text/css"
href="/static/css/style.css" />
   <link rel="stylesheet" type="text/css"
href="/static/css/new.css"/>
   <link rel="stylesheet" type="text/css"
href="/static/css/liMarquee.css"  />
   <script type="text/javascript" src="/static/js/jquery-
1.7.1.min.js"></script>
   <script type="text/javascript"
src="/static/js/jquery.touchSlider.js"></script>
   <script type="text/javascript"
src="/static/js/jquery.LoadImage.js"></script>
   <script type="text/javascript"
src="/static/js/main.js"></script>
   <script type="text/javascript"
src="/static/js/home.js"></script>
   <script type="text/javascript">
     $(document).ready(function () {
```

```
$(".main_visual").hover(function () {
   $("#btn_prev,#btn_next").fadeIn();
}, function () {
   $("#btn_prev,#btn_next").fadeOut();
});

var $dragBln = false;
$(".main_image").touchSlider({
   flexible: true,
   speed: 200,
   btn_prev: $("#btn_prev"),
   btn_next: $("#btn_next"),
   paging: $(".flicking_con a"),
   counter: function (e) {
      $(".flicking_con
a").removeClass("on").eq(e.current - 1).addClass("on");
   }
});

$(".main_image").bind("mousedown", function ()
{
   $dragBln = false;
});

$(".main_image").bind("dragstart", function () {
   $dragBln = true;
});

$(".main_image a").click(function () {
   if ($dragBln) {
      return false;
   }
   return true;
});

var timer = setInterval(function () {
   $("#btn_next").click();
}, 5000);
```

```
$(".main_visual").hover(function () {
    clearInterval(timer);
}, function () {
    timer = setInterval(function () {
        $("#btn_next").click();
    }, 5000);
});

$(".main_image").bind("touchstart", function () {
    clearInterval(timer);
}).bind("touchend", function () {
    timer = setInterval(function () {
        $("#btn_next").click();
    }, 5000);
});

    });
  </script>
</head>
<body>
  <!--头部信息开始-->
  <div class="header_top">

    <div class="header">
      <a href="http://www.gsc.org.cn/" class="logo">
        <img src="/static/images/logo.png" /></a>
      <div class="right_h">
        <div id="userloginfo" class="font_hy">
        </div>
        <p>
          <a
href="http://www.gsc.org.cn/gsc/index.html">English</
a><a href="http://www.gsc.org.cn/">中文版</a>
        </p>
        <div class="inp">
```

```html
        <input type="text" id="txt_searchkey"
placeholder="请输入您想要搜索的内容" />
        <a href="javascript:searchnews();">搜索
</a>
      </div>
    </div>
  </div>

  <div style="clear: both;"></div>

  <div class="header_nav">
    <ul>

      <li>
      <a href="/channel.aspx?id=1">
        <div id="nav1">首页</div>
      </a>

      </li>

      <li>
      <div id="nav2">
        学会概况
        <p class="sec_nav">
          <i>
            <img src="/static/images/arow.png" />
          </i>

          <a href="/channel.aspx?id=5">学会简介
</a>

          <a href="/channel.aspx?id=6">历史沿革
</a>

          <a href="/channel.aspx?id=7">学会章程
</a>
```

```html
                    <a href="/channel.aspx?id=8">组织机构
</a>

                    <a href="/channel.aspx?id=9">现任理事
</a>

                    <a href="/channel.aspx?id=10">历届领导
</a>

                    <a href="/channel.aspx?id=11">大事记
</a>

            </p>
        </div>

        </li>

        <li>
        <div id="nav3">
            学术交流
            <p class="sec_nav">
                <i>
                    <img src="/static/images/arow.png" />
                </i>

                <a href="/channel.aspx?id=12">活动概览
</a>

                <a href="/channel.aspx?id=13">学术动态
</a>

                <a href="/channel.aspx?id=14">国内交流
</a>

                <a href="/channel.aspx?id=15">国际交流
</a>
```

```html
        <a href="/channel.aspx?id=16">两岸交流
</a>

        <a href="/channel.aspx?id=61">国际交往
</a>

        <a href="/channel.aspx?id=17">品牌活动
</a>

    </p>
</div>

</li>

<li>
<div id="nav4">
    智库建设
    <p class="sec_nav">
        <i>
            <img src="/static/images/arow.png" />
        </i>

        <a href="/channel.aspx?id=62">活动报道
</a>

        <a href="/channel.aspx?id=19">机构建设
</a>

        <a href="/channel.aspx?id=20">平台搭建
</a>

        <a href="/channel.aspx?id=21">品牌活动
</a>

        <a href="/channel.aspx?id=22">《国情与
发展》专辑</a>
```

```html
        </p>
      </div>

    </li>

    <li>
    <div id="nav5">
      科普天地
      <p class="sec_nav">
        <i>
          <img src="/static/images/arow.png" />
        </i>

        <a href="/channel.aspx?id=24">品牌活动
</a>

        <a href="/channel.aspx?id=25">科普动态
</a>

        <a href="/channel.aspx?id=26">科普资源
</a>

        <a href="/channel.aspx?id=27">地理知识
</a>

        <a href="/channel.aspx?id=28">科普专家
</a>

        <a href="/channel.aspx?id=29">科普志愿
者</a>

        <a href="/channel.aspx?id=30">科普教育
基地</a>

      </p>
    </div>
```

```html
      </li>

      <li>
      <div id="nav6">
         党建强会
         <p class="sec_nav">
            <i>
               <img src="/static/images/arow.png" />
            </i>

            <a href="/channel.aspx?id=90">社会服务
</a>

            <a href="/channel.aspx?id=32">工作动态
</a>

            <a href="/channel.aspx?id=60">学界动态
</a>

            <a href="/channel.aspx?id=41">承能服务
</a>

         </p>
      </div>

      </li>

      <li>
      <div id="nav7">
         期刊书籍
         <p class="sec_nav">
            <i>
               <img src="/static/images/arow.png" />
            </i>

            <a href="/channel.aspx?id=34">学术期刊
</a>
```

```html
            <a href="/channel.aspx?id=42">科普期刊
</a>

            <a href="/channel.aspx?id=43">系列图书
</a>

            <a href="/channel.aspx?id=44">出版文集
</a>

            <a href="/channel.aspx?id=45">品牌活动
</a>

            <a href="/channel.aspx?id=74">学会会讯
</a>

        </p>
      </div>

      </li>

      <li>
      <div id="nav8">
        学会奖励
        <p class="sec_nav">
          <i>
            <img src="/static/images/arow.png" />
          </i>

          <a href="/channel.aspx?id=36">奖励介绍
</a>

          <a href="/channel.aspx?id=37">中国地理
科学成就奖</a>

          <a href="/channel.aspx?id=46">全国优秀
地理科技工作者</a>
```

```html
        <a href="/channel.aspx?id=47">全国青年
地理科技奖</a>

        <a href="/channel.aspx?id=48">全国优秀
中学地理教育工作者</a>

        <a href="/channel.aspx?id=49">全国地理
奥林匹克竞赛</a>

        <a href="/channel.aspx?id=50">"地球小博
士"全国地理科普大赛</a>

        <a href="/channel.aspx?id=51">马塔切纳
青年优秀论文奖</a>

        <a href="/channel.aspx?id=52">全国优秀
地理图书奖</a>

        <a href="/channel.aspx?id=53">各类优秀
论文奖</a>

        <a href="/channel.aspx?id=54">其它奖励
</a>

    </p>
  </div>

  </li>

  <li>
  <div id="nav9">
     活动通知
     <p class="sec_nav">
       <i>
         <img src="/static/images/arow.png" />
```

```
        </i>

        <a href="/channel.aspx?id=18">会议通知
</a>

        <a href="/channel.aspx?id=64">学术活动
</a>

        <a href="/channel.aspx?id=65">科普活动
</a>

        <a href="/channel.aspx?id=66">表彰奖励
</a>

        <a href="/channel.aspx?id=67">公告公示
</a>

      </p>
    </div>

    </li>

    <li>
    <div id="nav10">
      会员服务
      <p class="sec_nav">
        <i>
          <img src="/static/images/arow.png" />
        </i>

        <a href="/channel.aspx?id=39">工作动态
</a>

        <a href="/channel.aspx?id=55">会员须知
</a>
```

```html
            <a href="/channel.aspx?id=56">申请入会
</a>

            </p>
        </div>

        </li>

        <li>
        <a href="/channel.aspx?id=40">
            <div id="nav11">联系我们</div>
        </a>

        </li>

    </ul>
    <div style="clear: both;"></div>
  </div>

  <script type="text/javascript">
    $(document).ready(function () {
        $("#nav1").addClass("nav_on");
    });
  </script>
</div>
<!--头部信息结束-->
<!--Banner 图信息开始-->
<div class="main_visual" style="text-align: center;
margin:0 auto">
    <div class="flicking_con">

        <a href="#">1</a>

        <a href="#">2</a>

        <a href="#">3</a>
```

```html
    <a href="#">4</a>

    <a href="#">5</a>

    <a href="#">6</a>

</div>
<div class="main_image">
  <ul>

    <li><a
href="http://gsc.org.cn/content.aspx?id=1547"
target="_blank" title="两院院士推荐通知"><img
src="/upload/day_20230608/202306081058023832.jpg"
alt="两院院士推荐通知" width="1200"
height="486"/></a></li>

    <li><a
href="http://gsc.org.cn/content.aspx?id=1534"
target="_blank" title="第十五届中日韩地理学国际研讨会
"><img
src="/upload/day_20230530/202305301009399504.jpg"
alt="第十五届中日韩地理学国际研讨会" width="1200"
height="486"/></a></li>

    <li><a
href="http://gsc.org.cn/content.aspx?id=1550"
target="_blank" title="第四届中国城市地理青年学者论坛
"><img
src="/upload/day_20230615/202306150426299040.png"
alt="第四届中国城市地理青年学者论坛" width="1200"
height="486"/></a></li>

    <li><a
href="http://gsc.org.cn/content.aspx?id=1518"
target="_blank" title="2023 年中国地理学会（华东地区）学
术年会"><img
```

```
src="/upload/day_20230529/202305290436273774.png"
alt="2023 年中国地理学会（华东地区）学术年会"
width="1200" height="486"/></a></li>

        <li><a
href="http://gsc.org.cn/content.aspx?id=1522"
target="_blank" title="首届全国女地理学家大会"><img
src="/upload/day_20230412/202304121100101739.png"
alt="首届全国女地理学家大会" width="1200"
height="486"/></a></li>

        <li><a
href="http://www.gsc.org.cn/content.aspx?id=1487"
target="_blank" title="经济地理"><img
src="/upload/day_20230421/202304210110063882.jpg"
alt="经济地理" width="1200" height="486"/></a></li>

    </ul>
    <a href="javascript:;" id="btn_prev"></a><a
href="javascript:;" id="btn_next"></a>
  </div>
</div>
<!--Banner 图信息结束-->
<!--内容信息开始-->
<div class="new_c">

  <div class="new_left">
    <div class="title_l">
      <h3>新闻动态 / <i>News information</i></h3>
      <a href="/channel.aspx?id=68">
        <img src="/static/images/more.png" /></a>
    </div>
    <div class="l_n">
      <div class="section-focus-pic" id="section-
focus-pic">
        <div class="pages" data-scro="list">
          <ul>
```

```html
<li class="item" style="left: 0;">
    <a href="/content.aspx?id=1539">
        <img
src="/upload/image/day_202306016382123274590342
28.jpg" alt='2023 中国地理学会春季年会暨中国地理编辑出版
年会在东莞举行' />
    </a>
    <a href="/content.aspx?id=1539">
        <h3>2023 中国地理学会春季年会暨
中国地理编辑出版年会在东莞举行</h3>
    </a>
    <div></div>
</li>

<li class="item" >
    <a href="/content.aspx?id=1442">
        <img
src="/upload/image/day_202301046380847281862617
21.jpg" alt='第二届（2023 年）中科年货节启动会<br>暨"优
质地理产品生境保护与可持续发展"新年论坛成功举办' />
    </a>
    <a href="/content.aspx?id=1442">
        <h3>第二届（2023 年）中科年货节
启动会<br>暨"优质地理产品生境保护与可持续发展"新年
论坛成功举办</h3>
    </a>
    <div></div>
</li>

<li class="item" >
    <a href="/content.aspx?id=1441">
        <img
src="/upload/image/day_202212316380812528135154
18.jpg" alt='国家主席习近平发表二〇二三年新年贺词' />
    </a>
    <a href="/content.aspx?id=1441">
```

```
                <h3>国家主席习近平发表二〇二三年
新年贺词</h3>
                    </a>
                    <div></div>
                </li>

            </ul>
        </div>
        <div class="controler" data-
scro="controler">

            <b>1</b>

            <b>2</b>

            <b>3</b>

        </div>
    </div>
    <div class="mor">
        <p>中国地理学会是我国成立最早的学术团体之
一，她的前身是 1909 年在天津成立的中国地学会，创始人张
相文。1934 年竺可桢等在南京发起成立中国地理学会。新中
国成立初期，中国地学会与中国地理学会合并为中国地理学
会。中国地理学会(CIESC)是国家一级公益性、学术性的法人
社会团体国家 5A 等级全国性社会组织。中国地理学会是由
中华地理工业中国地理学会是由中华地理工业...</p>
        <a href="/channel.aspx?id=5">查看更多</a>
    </div>
</div>
<ul class="new_list">
    <!--新闻列表开始-->


    <li><a href="/content.aspx?id=1539">
```

```html
<h4><b>2023 中国地理学会春季年会暨中国地
理编辑出版年会在东莞举行</b> <i>
        <img src="/static/images/new.png"
/></i></h4>
        <font>5 月 26-28 日，2023 年中国地理学会春
季年会暨中国地理编辑出版年会在广东东莞举行。年会以 "
强化地理科学基础研究 促进...</font>
        <p>
        <b>2023/6/1 16:14:46</b><i>来源：中国地
理学会</i>
        </p>
    </a>
    </li>


    <li><a href="/content.aspx?id=1442">
        <h4><b>第二届（2023 年）中科年货节启动会
<br>暨 "优质地理产品生境保护与可持续发展" 新年论坛成
功举办</b> <i>
        <img src="/static/images/new.png"
/></i></h4>
        <font>2022 年 12 月 30 日, 第二届中科年货节
启动会暨 "优质地理产品生境保护与可持续发展" 新年论坛
成功举办，来自科技界、地方...</font>
        <p>
        <b>2023/1/5 0:24:00</b><i>来源：中国地
理学会</i>
        </p>
    </a>
    </li>


    <li><a href="/content.aspx?id=1441">
        <h4><b>国家主席习近平发表二〇二三年新年
贺词</b> <i>
```

```html
            <img src="/static/images/new.png"
/></i></h4>
        <font>  新年前夕，国家主席习近平通过中央广
播电视总台和互联网，发表二〇二三年新年贺词。新华社记
者 鞠鹏 摄新华社北京 12 月 31...</font>
        <p>
            <b>2022/12/31 23:22:03</b><i>来源：中国
地理学会</i>
        </p>
    </a>
    </li>


    <!--新闻列表结束-->
    </ul>
    <div style="clear: both"></div>
    <div class="banner">
        <a href="http://www.geodoctor.cn/"
target="_blank">
            <img src="/static/images/h11.jpg" /></a>
    </div>
</div>
<div class="new_right">
    <!--<div id="userlogon" class="r_1 r_e">
    </div>-->
    <div class="title_l">
        <h3>快捷入口 / <i>News information</i></h3>
    </div>
                <div class="r_e">
                    <table>
                        <tr>
                            <td>

    <a href="/web/#/login" target="_blank">

        <img
src="/static/images/2019110717000698234085366 61.pn
g"/>
```

24

```
                <p>会员登录</p>

        </a>
                                            </td>
                                            <td>

        <a href="/web/#/resigerBox/personResiger"
target="_blank">

                <img
src="/static/images/20191107170035162548229225711.p
ng"/>

                <p>申请入会</p>

        </a>
                                            </td>
                                    </tr>
                                    <tr>
                                            <td>

        <a href="/channel.aspx?id=55">

                <img
src="/static/images/2020221.png"/>

                <p>入会须知</p>

        </a>
                                            </td>
                                            <td>

        <a href="/web/#/meetingHomeList"
target="_blank">
```

```html
                  <img src="/static/images/2020220.png"/>

                  <p>会议系统</p>

            </a>
                                          </td>
                                    </tr>
                                    <tr>
                                          <td>

            <a href="/channel.aspx?id=5">

                  <img src="/static/images/2020222.png"/>

                  <p>学会简介</p>

            </a>
                                          </td>
                                          <td>

            <a href="/channel.aspx?id=9">

                  <img src="/static/images/2020226.png"/>

                  <p>现任理事</p>

            </a>
                                          </td>
                                    </tr>
                                    <tr>
                                          <td>

            <a href="/channel.aspx?id=8">
```

```html
                    <img
src="/static/images/2020225.png"/>

                  <p>组织机构</p>

        </a>
                                              </td>
                                              <td>

        <a href="/channel.aspx?id=58">

                  <img
src="/static/images/2020228.png"/>

                  <p>常见问题</p>

        </a>
                                              </td>
                                        </tr>
                                  </table>

                                  <!--
                                  <div class="r_a">
                                        <a
href="/channel.aspx?id=59">
                                              <img
src="/static/images/hyxt.png" /></a>
                                        <a
href="/channel.aspx?id=55">
                                              <img
src="/static/images/rhxz.png" /></a>
                                        <a
href="/channel.aspx?id=58">
                                              <img
src="/static/images/cjwt.png" /></a>
                                  </div>-->
                            </div>
```

```html
    <div class="banner">
      <a href="/channel.aspx?id=70">
        <!--近期活动总览-->
        <img src="/static/images/h7.png" /></a>
    </div>
  </div>
</div>

<div class="zx_c">
  <div class="info">
    <div class="title_l">
      <h3>资讯中心 / <i>Information
Center</i></h3>
      <ul class="tabbtn" id="normaltab1">
        <li class="current"><a>学术交流</a></li>
        <li><a>智库建设</a></li>
        <li><a>科普动态</a></li>
        <li><a>国际交往</a></li>
        <li><a>学界动态</a></li>
        <li><a>活动通知</a></li>
      </ul>
    </div>
    <div class="tabcon" id="normalcon1">
      <div class="sublist">
        <!--学术交流列表开始-->
        <ul>

          <li>
            <div class="jllb_da">
              <div
class="jlda1"><span>18</span></div>
              <div
class="jlda2"><span>2023.07</span></div>
            </div>
            <div class="jllb_js">
              <div class="jllb_js_ti">
```

```html
                    <a
href="/content.aspx?id=1571">2023 中国地理学会旅游地
理专业委员会年会顺利召开</a>
                    </div>
                    <div class="jllb_js_js">
                    <a
href="/content.aspx?id=1571">7 月 12-14 日，2023 中国
地理学会旅游地理专业委员会年会在四川大学望江校区顺利
圆满召开。本届年会由中国地理学会旅游地理专业委员会和
四川大学旅
                    </a>
                    </div>
                    </div>
                </li>

                <li>
                    <div class="jllb_da">
                    <div
class="jlda1"><span>15</span></div>
                    <div
class="jlda2"><span>2023.07</span></div>
                    </div>
                    <div class="jllb_js">
                    <div class="jllb_js_ti">
                    <a href="/content.aspx?id=1566">
首届全国女地理学家大会在长沙召开</a>
                    <div class="jllb_js_js">
                    <a href="/content.aspx?id=1566">
世界因科学而精彩，科学因女性而美丽。在中国地理学教育
、科研、管理和产业开发的一线活跃着无数的女地理工作者
，他们以女地理人严谨、包容、体贴、求新、
                    </a>
                    </div>
                    </div>
                </li>
```

```html
<li>
    <div class="jllb_da">
        <div
class="jlda1"><span>13</span></div>
        <div
class="jlda2"><span>2023.07</span></div>
    </div>
    <div class="jllb_js">
        <div class="jllb_js_ti">
            <a href="/content.aspx?id=1567">
第四届中国城市地理青年学者论坛在长春成功召开</a>
        </div>
        <div class="jllb_js_js">
            <a
href="/content.aspx?id=1567">2023 年 6 月 30 日-7 月 2
日，第四届中国城市地理青年学者论坛在吉林省长春市隆重
召开。本次论坛由中国地理学会城市地理专业委员会、中国
地理学会青年
            </a>
        </div>
    </div>
</li>


<li>
    <div class="jllb_da">
        <div
class="jlda1"><span>01</span></div>
        <div
class="jlda2"><span>2023.06</span></div>
    </div>
    <div class="jllb_js">
        <div class="jllb_js_ti">
            <a href="/content.aspx?id=1540">
中国地理学会首次地理学产业发展论坛成功举办！</a>
        </div>
        <div class="jllb_js_js">
```

```
                            <a
href="/content.aspx?id=1540">2023 年 5 月 27 日， "中
国地理学会春季年会暨中国地理编辑出版年会"地理学产业
发展论坛在广东省东莞市成功举办。该论坛由中国地理学会
编辑出版工作委
                            </a>
                        </div>
                    </div>
                </li>

                <li>
                    <div class="jllb_da">
                        <div
class="jlda1"><span>22</span></div>
                        <div
class="jlda2"><span>2022.11</span></div>
                    </div>
                    <div class="jllb_js">
                        <div class="jllb_js_ti">
                            <a href="/content.aspx?id=1410">
首届全国地理分析模型开发与应用竞赛顺利举行</a>
                        </div>
                        <div class="jllb_js_js">
                            <a
href="/content.aspx?id=1410">2022 年 8 月 7 日至 10 月
14 日，速度杯·首届全国地理分析模型开发与应用竞赛顺利举
行，来自全国各地高校的 383 支参赛队伍参加了竞赛。经过
激烈角逐
                            </a>
                        </div>
                    </div>
                </li>

                <li>
                    <div class="jllb_da">
                        <div
class="jlda1"><span>21</span></div>
```

```html
            <div
class="jlda2"><span>2022.09</span></div>
                </div>
                <div class="jllb_js">
                    <div class="jllb_js_ti">
                        <a
href="/content.aspx?id=1370">2022 年中国地理学会"行
为地理学高级研习班" 第一讲学术总结报道</a>
                    </div>
                    <div class="jllb_js_js">
                        <a
href="/content.aspx?id=1370">2022 年 9 月 16 日，中国
地理学会行为地理学高级研习班的第一讲在线上顺利举行，
国际知名行为地理学家、英国社会科学院院士、香港中文大
学卓敏地理与资
                        </a>
                    </div>
                </div>
            </li>


        </ul>
        <!--学术交流列表结束-->
    </div>
    <div class="sublist">
        <!--智库建设列表开始-->
        <ul>


            <li>
                <div class="jllb_da">
                    <div
class="jlda1"><span>24</span></div>
                    <div
class="jlda2"><span>2020.11</span></div>
                </div>
                <div class="jllb_js">
                    <div class="jllb_js_ti">
```

```html
            <a href="/content.aspx?id=1108">
```
地理资源领域高质量科技期刊分级目录（2020 年）</a>
```html
            </div>
            <div class="jllb_js_js">
            <a href="/content.aspx?id=1108">
```
为落实中国科协、中宣部、教育部、科技部联合印发的《关于深化改革培育世界一流科技期刊的意见》精神，推动建设与世界科技强国相适应的科技期刊评价体系，
```html
            </a>
            </div>
          </div>
        </li>


        <li>
          <div class="jllb_da">
            <div
class="jlda1"><span>14</span></div>
            <div
class="jlda2"><span>2018.06</span></div>
          </div>
          <div class="jllb_js">
            <div class="jllb_js_ti">
            <a href="/content.aspx?id=896">
```
地理学者特邀出席博鳌亚洲论坛主持分论坛</a>
```html
            </div>
            <div class="jllb_js_js">
            <a href="/content.aspx?id=896">4
```
月 8-11 日，博鳌亚洲论坛 2018 年年会在海南博鳌隆重举行。本次年会主题为"开放创新的亚洲，繁荣发展的世界"。来自 63 个国家和地区的 2000 多
```html
            </a>
            </div>
          </div>
        </li>


        <li>
          <div class="jllb_da">
```

```
                        <div
class="jlda1"><span>14</span></div>
                        <div
class="jlda2"><span>2018.06</span></div>
                    </div>
                    <div class="jllb_js">
                        <div class="jllb_js_ti">
                            <a href="/content.aspx?id=798">
《国情与发展》战略研究组 2016 年第一次专题研讨会在京召
开</a>
                        </div>
                        <div class="jllb_js_js">
                            <a href="/content.aspx?id=798">3
月 12 日，《国情与发展》战略研究组 2016 年第一次专题研
讨会在中国科学院地理科学与资源研究所召开。会议由中国
地理学会、中国科学院地理科学与资源
                            </a>
                        </div>
                    </div>
                </li>

                <li>
                    <div class="jllb_da">
                        <div
class="jlda1"><span>14</span></div>
                        <div
class="jlda2"><span>2018.06</span></div>
                    </div>
                    <div class="jllb_js">
                        <div class="jllb_js_ti">
                            <a href="/content.aspx?id=770">
第三届"地理学与中国全球战略高层论坛"<br>暨《国情与
发展》战略研究组第二届年会在北京召开</a>
                        </div>
                        <div class="jllb_js_js">
                            <a
href="/content.aspx?id=770">2015 年 12 月 12 日—13 日
```

，第三届"地理学与中国全球战略高层论坛"暨《国情与发展》战略研究组第二届年会在北京召开。此次论坛由中国地理学会、华

```
                        </a>
                    </div>
                </div>
            </li>


            <li>
                <div class="jllb_da">
                    <div
class="jlda1"><span>14</span></div>
                    <div
class="jlda2"><span>2018.06</span></div>
                </div>
                <div class="jllb_js">
                    <div class="jllb_js_ti">
                        <a
href="/content.aspx?id=746">2015 年度数理和地学领域国
家重点实验室评估工作启动会在京召开</a>
                    </div>
                    <div class="jllb_js_js">
                        <a
href="/content.aspx?id=746">2015 年 2 月 11 日，中国科
学技术部基础司在北京组织召开了"2015 年度数理和地学领
域国家重点实验室评估工作启动座谈会"。会议由基础司郭
志伟副司
                        </a>
                    </div>
                </div>
            </li>


            <li>
                <div class="jllb_da">
                    <div
class="jlda1"><span>14</span></div>
```

```
                        <div
class="jlda2"><span>2018.06</span></div>
                    </div>
                    <div class="jllb_js">
                        <div class="jllb_js_ti">
                            <a
href="/content.aspx?id=748">2015 年度地学领域国家重点
实验室评估初评专家名单</a>
                        </div>
                        <div class="jllb_js_js">
                            <a href="/content.aspx?id=748">
日期：2015 年 05 月 19 日来源：科技部受科技部委托，国家
遥感中心会同中国地理学会承担 2015 年度地学领域国家重点
实验室评估工作。初评会议将于 2
                            </a>
                        </div>
                    </div>
                </li>

            </ul>
            <!--智库建设列表结束始-->
        </div>
        <div class="sublist">
            <!--科普动态列表开始-->
            <ul>

                <li>
                    <div class="jllb_da">
                        <div
class="jlda1"><span>23</span></div>
                        <div
class="jlda2"><span>2023.04</span></div>
                    </div>
                    <div class="jllb_js">
                        <div class="jllb_js_ti">
                            <a href="/content.aspx?id=1494">
世界地球日 ｜ 让我们珍爱"众生的地球"</a>
```

```html
            </div>
            <div class="jllb_js_js">
                <a href="/content.aspx?id=1494">
```
据目前所知，地球是宇宙中唯一发现了生命的星球，它像宇宙中的一叶扁舟遨游太空，环绕着太阳进行自转和公转，不断演化发展。在不同的地史时期，地球表层系
```html
                </a>
            </div>
        </div>
    </li>


        <li>
            <div class="jllb_da">
                <div
class="jlda1"><span>23</span></div>
                <div
class="jlda2"><span>2023.04</span></div>
            </div>
            <div class="jllb_js">
                <div class="jllb_js_ti">
                    <a href="/content.aspx?id=1493">
```
世界地球日 ｜ 王广华部长：珍爱地球 人与自然和谐共生
```html
</a>
                </div>
                <div class="jllb_js_js">
                    <a href="/content.aspx?id=1493">
```
珍爱地球 人与自然和谐共生——写在 2023 年"世界地球日"之际自然资源部党组书记、部长 王广华 4 月 22 日是第五十四个"世界地球日"，我国围绕"珍
```html
                </a>
            </div>
        </div>
    </li>


        <li>
            <div class="jllb_da">
```

```
                <div
class="jlda1"><span>17</span></div>
                <div
class="jlda2"><span>2023.03</span></div>
                </div>
                <div class="jllb_js">
                <div class="jllb_js_ti">
                <a href="/content.aspx?id=1466">
中国地理学会山地分会开展科普进校园活动</a>
                </div>
                <div class="jllb_js_js">
                <a href="/content.aspx?id=1466">
大自然是一个充满多样性的美丽世界，生态系统作为生物与
环境构成的统一整体，是维系人类生存和发展的重要命脉。
为了让孩子们充分感受人与自然和谐共生的关
                </a>
                </div>
                </div>
                </li>

                <li>
                <div class="jllb_da">
                <div
class="jlda1"><span>01</span></div>
                <div
class="jlda2"><span>2022.11</span></div>
                </div>
                <div class="jllb_js">
                <div class="jllb_js_ti">
                <a
href="/content.aspx?id=1393">2022 年中国科学院科学节
一地理大数据助力<br>乡村振兴科普报告会顺利举行</a>
                </div>
                <div class="jllb_js_js">
                <a href="/content.aspx?id=1393">
为了展示科技创新成果，大力弘扬科学精神，普及科学知识
```

、科学方法，2022 年 10 月 29 日中国科学院地理科学与资源研究所、中国地理学会在线联合举办 "

```
                </a>
            </div>
        </div>
    </li>

    <li>
        <div class="jllb_da">
            <div
class="jlda1"><span>18</span></div>
            <div
class="jlda2"><span>2022.07</span></div>
        </div>
        <div class="jllb_js">
            <div class="jllb_js_ti">
                <a
href="/content.aspx?id=1325">2022 年国际地理奥赛在线
上成功举办：<br>中国大陆代表队喜获一金二铜</a>
            </div>
            <div class="jllb_js_js">
                <a href="/content.aspx?id=1325">
在刚刚结束的第十八届国际地理奥林匹克竞赛上，中国大陆
代表队的王康展同学（山东省实验中学东校）获得金牌；王
浩南同学（西安高新第一中学）、张峨图同学
                </a>
            </div>
        </div>
    </li>

    <li>
        <div class="jllb_da">
            <div
class="jlda1"><span>03</span></div>
            <div
class="jlda2"><span>2022.07</span></div>
        </div>
```

```html
                    <div class="jllb_js">
                        <div class="jllb_js_ti">
                            <a href="/content.aspx?id=1308">
中国地理学会大讲堂第五期开讲<br>——解读经典地理学思
想、述评综合人文地理学</a>
                        </div>
                        <div class="jllb_js_js">
                            <a
href="/content.aspx?id=1308">6 月 30 日下午，中国地理
学会大讲堂第五期在中国科学院地理科学与资源研究所会议
室举行，同步采用腾讯会议和中国地理学会 B 站进行直播。
本期讲座聚焦"致
                            </a>
                        </div>
                    </div>
                </li>

            </ul>
            <!--科普动态列表结束-->
        </div>
        <div class="sublist">
            <!--国际交往列表开始-->
            <ul>

                <li>
                    <div class="jllb_da">
                        <div
class="jlda1"><span>21</span></div>
                        <div
class="jlda2"><span>2023.07</span></div>
                    </div>
                    <div class="jllb_js">
                        <div class="jllb_js_ti">
                            <a href="/content.aspx?id=1572">
中国地理学会与意大利地理学会签订合作备忘录</a>
                        </div>
                        <div class="jllb_js_js">
```

```
                        <a
href="/content.aspx?id=1572">2023 年 7 月 14 日，应意
大利地理学会（Società Geographica Italiana，简称 SGI
）邀请，中国地理学会理事长陈发虎院士
                        </a>
                    </div>
                </div>
            </li>


            <li>
                <div class="jllb_da">
                    <div
class="jlda1"><span>06</span></div>
                    <div
class="jlda2"><span>2023.07</span></div>
                </div>
                <div class="jllb_js">
                    <div class="jllb_js_ti">
                        <a href="/content.aspx?id=1562">
中国地理学会与沙特地理学会签订合作协议</a>
                    </div>
                    <div class="jllb_js_js">
                        <a
href="/content.aspx?id=1562">2023 年 6 月 28 日，沙特
地理学会（Saudi Geographical Society，简称 SGS）主席
Ali Abdullah Aldosa
                        </a>
                    </div>
                </div>
            </li>


            <li>
                <div class="jllb_da">
                    <div
class="jlda1"><span>05</span></div>
                    <div
class="jlda2"><span>2023.07</span></div>
```

```
        </div>
        <div class="jllb_js">
          <div class="jllb_js_ti">
            <a href="/content.aspx?id=1560">
中国地理学会与西班牙地理学会签订合作协议</a>
          </div>
          <div class="jllb_js_js">
            <a
href="/content.aspx?id=1560">2023 年 6 月 21 日，受西
班牙地理学会（Sociedad Geográfica Española，简称
SGE）邀请，中国地理学会理事长陈发虎院士
            </a>
          </div>
        </div>
      </li>


      <li
        <div class="jllb_da">
          <div
class="jlda1"><span>29</span></div>
          <div
class="jlda2"><span>2023.06</span></div>
        </div>
        <div class="jllb_js">
          <div class="jllb_js_ti">
            <a href="/content.aspx?id=1555">
俄罗斯地理学会代表团在华南地区进行地理考察并参加 2023
年中国地理学会春季年会</a>
          </div>
          <div class="jllb_js_js">
            <a href="/content.aspx?id=1555">
根据中俄两国地理学会签署的交流与合作备忘录，应中国地
理学会邀请，俄罗斯地理学会派出由 9 名年轻会员组成的代
表团，于 2023 年 5 月 26 日至 6 月 5 日访
            </a>
          </div>
        </div>
      </div>
```

```
                    </li>

                    <li>
                        <div class="jllb_da">
                            <div
class="jlda1"><span>17</span></div>
                            <div
class="jlda2"><span>2022.11</span></div>
                        </div>
                        <div class="jllb_js">
                            <div class="jllb_js_ti">
                                <a href="/content.aspx?id=1404">
俄罗斯地理学会"最美国度"摄影大赛作品<br>主题列车现
身莫斯科地铁</a>
                            </div>
                            <div class="jllb_js_js">
                                <a href="/content.aspx?id=1404">
俄罗斯地理学会"多民族俄罗斯"摄影作品展于 11 月 3 日,
即俄罗斯民族团结日前夕在莫斯科地铁开幕。在"普希金站
"和"契诃夫站"的地铁站通道中,乘客们
                                </a>
                            </div>
                        </div>
                    </li>

                    <li>
                        <div class="jllb_da">
                            <div
class="jlda1"><span>15</span></div>
                            <div
class="jlda2"><span>2021.10</span></div>
                        </div>
                        <div class="jllb_js">
                            <div class="jllb_js_ti">
                                <a href="/content.aspx?id=1194">
我国科学家获首届国际科学理事会科学奖</a>
                            </div>
```

```html
<div class="jllb_js_js">
    <a href="/content.aspx?id=1194">
```
中国科学院院士、可持续发展大数据国际研究中心主任、中科院空天信息创新研究院研究员郭华东北京时间 13 日获颁首届国际科学理事会科学奖，以表彰其利用跨
```html
    </a>
    </div>
    </div>
    </li>

    </ul>
    <!--国际交流列表结束-->
</div>
<div class="sublist">
    <!--学界动态列表开始-->
    <ul>

        <li>
        <div class="jllb_da">
            <div class="jlda1"><span>24</span></div>
            <div class="jlda2"><span>2023.07</span></div>
        </div>
        <div class="jllb_js">
            <div class="jllb_js_ti">
                <a href="/content.aspx?id=1573">
```
张永强研究员荣获澳洲/新西兰模型模拟学会双年度奖章
并入选学会会士</a>
```html
            </div>
            <div class="jllb_js_js">
                <a href="/content.aspx?id=1573">
```
张永强研究员荣获澳洲/新西兰模型模拟学会双年度奖章并入选学会会士张永强研究员在颁奖典礼上接受证书和奖章 1 双年度奖章及学会会士●2023 年 7 月 9 日
```html
            </a>
            </div>
```

```html
              </div>
          </li>


          <li>
              <div class="jllb_da">
                  <div
class="jlda1"><span>15</span></div>
                  <div
class="jlda2"><span>2023.07</span></div>
              </div>
              <div class="jllb_js">
                  <div class="jllb_js_ti">
                      <a href="/content.aspx?id=1570">
```
闫国年、陈旻团队在《Nature Reviews Earth &
Environment》发表地球表层系统建模研究进展</a>
```html
                  </div>
                  <div class="jllb_js_js">
                      <a href="/content.aspx?id=1570">
```
地球表层系统建模对地理环境与现象进行概念抽象、机理建
模和规律分析，可以反演过去、模拟过程、解释规律、预测
未来，是探索地表复杂过程、人地耦合关系的
```html
                  </a>
                  </div>
              </div>
          </li>


          <li>
              <div class="jllb_da">
                  <div
class="jlda1"><span>13</span></div>
                  <div
class="jlda2"><span>2023.07</span></div>
              </div>
              <div class="jllb_js">
                  <div class="jllb_js_ti">
                      <a href="/content.aspx?id=1568">
```
福建省地理学会成功召开第十一届第一次会员代表大会</a>

```html
                </div>
                <div class="jllb_js_js">
                    <a href="/content.aspx?id=1568">
福建省地理学会第十一届第一次会员代表大会于 2023 年 7 月
8 日在福建师范大学旗山校区宏达厅隆重召开。本次会议主
要内容为审议学会第十届理事会工作报告
                    </a>
                </div>
            </div>
        </li>

        <li>
            <div class="jllb_da">
                <div
class="jlda1"><span>04</span></div>
                <div
class="jlda2"><span>2023.07</span></div>
            </div>
            <div class="jllb_js">
                <div class="jllb_js_ti">
                    <a href="/content.aspx?id=1558">
第六届欧洲冻土大会在西班牙召开<br>牛富俊研究员成功当
选国际冻土协会执委</a>
                </div>
                <div class="jllb_js_js">
                    <a
href="/content.aspx?id=1558">2023 年 6 月 18-22 日，由
国际冻土协会（International Permafrost Association, 简
称 IPA）主办，巴塞罗
                    </a>
                </div>
            </div>
        </li>

        <li>
            <div class="jllb_da">
```

```html
                    <div
class="jlda1"><span>30</span></div>
                    <div
class="jlda2"><span>2023.06</span></div>
                </div>
                <div class="jllb_js">
                    <div class="jllb_js_ti">
                        <a href="/content.aspx?id=1557">
```
《地理学报(英文版)》最新 SCI 影响因子 4.9，首次进入 Q1 区</a>
```html
                    </div>
                    <div class="jllb_js_js">
                        <a
href="/content.aspx?id=1557">2023 年 6 月 28 日，科睿
```
唯安（Clarivate Analytics）发布了 2022 年度《期刊引证报告》（Journal Citation R
```html
                        </a>
                    </div>
                </div>
            </li>

            <li>
                <div class="jllb_da">
                    <div
class="jlda1"><span>07</span></div>
                    <div
class="jlda2"><span>2023.06</span></div>
                </div>
                <div class="jllb_js">
                    <div class="jllb_js_ti">
                        <a href="/content.aspx?id=1546">
```
国际地理联合会荣获英国皇家地理学会特别金奖</a>
```html
                    </div>
                    <div class="jllb_js_js">
                        <a
href="/content.aspx?id=1546">6 月 5 日，英国皇家地理学
```

会（Royal Geographical Society）公布了 2023 年年度奖章与奖项获得者名单。国际地理联合会（In

```html
                    </a>
                </div>
            </div>
        </li>

    </ul>
    <!--学界动态列表结束-->
</div>
<div class="sublist">
    <!--活动通知列表开始-->
    <ul>

        <li>
            <div class="jllb_da">
                <div
class="jlda1"><span>18</span></div>
                <div
class="jlda2"><span>2023.07</span></div>
            </div>
            <div class="jllb_js">
                <div class="jllb_js_ti">
                    <a
href="/content.aspx?id=1564">2023 年中国地理学会自然
灾害风险与综合减灾专业委员会<br>学术年会通知（第二号
）</a>
                </div>
                <div class="jllb_js_js">
                    <a
href="/content.aspx?id=1564">2023 年是全面贯彻党的二
十大精神的开局之年，是第一次全国自然灾害综合风险普查
评估与区划工作收官之年。为搭建综合灾害风险管理与韧性
社会建设理论研
                </a>
            </div>
        </div>
```

```html
        </li>

        <li>
          <div class="jllb_da">
            <div
class="jlda1"><span>14</span></div>
            <div
class="jlda2"><span>2023.07</span></div>
          </div>
          <div class="jllb_js">
            <div class="jllb_js_ti">
              <a href="/content.aspx?id=1569">
第三届国产地理分析模型培训通知（第一号）</a>
            </div>
            <div class="jllb_js_js">
              <a href="/content.aspx?id=1569">
介 绍地理分析模型是对地理系统要素及其作用关系、演化规
律的抽象与表达。通过构建地理分析模型开展地理模拟可以
实现反演过去、预测未来、模拟过程、揭示
              </a>
            </div>
          </div>
        </li>

        <li>
          <div class="jllb_da">
            <div
class="jlda1"><span>12</span></div>
            <div
class="jlda2"><span>2023.07</span></div>
          </div>
          <div class="jllb_js">
            <div class="jllb_js_ti">
              <a
href="/content.aspx?id=1563">2023 年中国地理学会（西
南地区）学术年会通知（第二号）</a>
            </div>
```

```html
                <div class="jllb_js_js">
                    <a href="/content.aspx?id=1563">
由中国地理学会主办，中国地理学会西南地区代表处、贵州
师范学院、贵州省地理学会、贵州省乡村振兴研究院共同承
办的"2023年中国地理学会（西南地区）
                    </a>
                </div>
            </div>
        </li>


        <li>
            <div class="jllb_da">
                <div
class="jlda1"><span>29</span></div>
                <div
class="jlda2"><span>2023.06</span></div>
            </div>
            <div class="jllb_js">
                <div class="jllb_js_ti">
                    <a
href="/content.aspx?id=1556">2023年全国人文地理学大
会通知（第二号）</a>
                </div>
                <div class="jllb_js_js">
                    <a href="/content.aspx?id=1556">
在我国开启全面建设社会主义现代化国家新征程的重要历史
时期，中国人文地理学被赋予了新的使命。为共享人文地理
学领域的新理论、新方法和新成果，发挥人文
                    </a>
                </div>
            </div>
        </li>


        <li>
            <div class="jllb_da">
                <div
class="jlda1"><span>25</span></div>
```

```html
            <div
class="jlda2"><span>2023.06</span></div>
            </div>
            <div class="jllb_js">
              <div class="jllb_js_ti">
                <a href="/content.aspx?id=1553">
```
第九届文化地理学术研讨会暨中国地理学会文化地理专业委
员会
第九次工作会议通知
（第二号）</a>
```html
              </div>
              <div class="jllb_js_js">
                <a href="/content.aspx?id=1553">
```
为探讨文化地理研究领域的理论前沿与热点问题，交流文化
地理研究的最新成果，中国地理学会文化地理专业委员会拟
定于 2023 年 7 月 16 日至 7 月 19 日在北
```html
                </a>
              </div>
            </div>
          </li>

          <li>
            <div class="jllb_da">
              <div
class="jlda1"><span>25</span></div>
              <div
class="jlda2"><span>2023.06</span></div>
            </div>
            <div class="jllb_js">
              <div class="jllb_js_ti">
                <a
href="/content.aspx?id=1552">2023 年中国地理学会 "行
```
为地理学高级研习班" 系列讲座活动预告
（第一讲）
</a>
```html
              </div>
              <div class="jllb_js_js">
                <a href="/content.aspx?id=1552">
```
为进一步推动我国行为地理学研究与教学工作，搭建学术交

流平台，促进青年人才成长，尤其是帮助从事行为地理相关
领域研究的青年教师、行业骨干及研究生持续

```
                    </a>
                </div>
            </div>
        </li>

        </ul>
        <!--活动通知列表结束-->
        </div>
      </div>
    </div>
</div>

<div class="ban_h">
  <a href="/web/#/meetingHomeList" class="left_h">
    <img src="/static/images/h3.png" /></a>
  <a href="/channel.aspx?id=69" class="right_h">
    <img src="/static/images/h8.png" /></a>
</div>
<div class="box">
  <div class="box_l">
    <ul class="tabbtn" id="normaltab2">
      <li class="current"><a>关于学会</a></li>
      <li><a>本届理事会</a></li>
      <li><a>历届理事长</a></li>
    </ul>
    <!--tabbtn end-->
    <div class="tabcon" id="normalcon2">
      <div class="sublist">
        <p>中国地理学会是我国成立最早的学术团体之
```
一，它的前身是 1909 年在天津成立的中国地学会，创始人张
相文。它是我国旧的舆地之学向近代地理学发展的重要标志
。1910 年，中国地学会在天津创刊《地学杂志》，这是中国
第一本地理学学术期刊。1923 年中国地学会迁址北京。1924
年至 1950 年，陈垣、张相文、张溥泉、张星烺先后任会长。
```
</p>
```

```html
<p>
```
1934 年，翁文灏、竺可桢、张其昀等 40 余人在南京发起成立中国地理学会，翁文灏任理事长。同年 9 月，学会在南京创刊《地理学报》，早年张其昀、李旭旦先后任总编辑。1943 年至 1950 年胡焕庸任中国地理学会理事长。
```html
</p>
```

```html
<p>
```
1950 年 8 月，中国地学会与中国地理学会在北京合并为现中国地理学会，推举黄国璋任理事长。1953 年在北京召开了合并后的中国地理学会第一次全国会员代表大会，选举竺可桢为第一届理事会理事长。1980 年初起，黄秉维、施雅风、张兰生、陈述彭、吴传钧、陆大道、刘燕华、傅伯杰先后任学会理事长。现任理事长陈发虎。学会挂靠在中国科学院地理科学与资源研究所。
```html
</p>
```

```html
<a href="/channel.aspx?id=5" class="more">
```
查看详情>
```html
</a>
```

```html
</div>
```

```html
<div class="sublist">
```

```html
<div class="text" style="text-align:center;font-size: 14px;">
```
中国地理学会第十二届理事会（2018-2023）常务理事会
```html
</div>
```

```html
<p>
```
理   事   长：陈发虎
```html
</p>
```

```html
<p>
```
前 理 事 长：傅伯杰
```html
</p>
```

```html
<p>
```
副 理 事 长：董治宝 葛全胜 何大明 贺灿飞 李小娟 刘   敏 鹿化煜 宋长青
```html
</p>
```

```html
<p>
```
                     吴正方 夏   军 薛德升 张国友
```html
</p>
```

秘　　　书　　　长：张国友（兼）

常　务　理　事：柴彦威　　陈　　　曦　　陈发虎　　董治宝　　杜德斌　　樊　　　杰　　方创琳　　葛全胜　　

勾晓华　　顾行发　　韩增林　　何大明　　贺灿飞　　李栓科　　李同昇　　李小娟　　

刘　　　敏　　刘宝元　　刘沛林　　刘云刚　　陆雅海　　鹿化煜　　罗　　　静　　骆华松　　

闾国年　　马　　　巍　　苗长虹　　彭　　　斌　　秦伯强　　宋长青　　王　　　民　　文安邦

     吴正方
夏   军 熊巨华
  薛德升 杨庆媛
杨玉盛 臧淑英 张朝林
  </p>

<p>
     张国友
张虹鸥 张平宇 张镱锂
  朱   竑
  </p>
        <a href="/channel.aspx?id=9" class="more">
查看详情></a></div>
        <div class="sublist" style="overflow-y: scroll;">
          <ul class="sue_box">
            <li><b>届次</b><b class="zr">时间
</b><b>地点</b><b>理事长</b></li>
            <li><b>第 1 届</b><b class="zr">1953
年 01 月-1956 年 08 月</b><b>北京</b><b>竺可桢
</b></li>
            <li><b>第 2 届</b><b class="zr">1956
年 08 月-1963 年 11 月</b><b>北京</b><b>竺可桢
</b></li>
            <li><b>第 3 届</b><b class="zr">1963
年 11 月-1979 年 12 月</b><b>杭州</b><b>竺可桢
</b></li>
            <li><b>第 4 届</b><b class="zr">1979
年 12 月-1985 年 05 月</b><b>广州</b><b>黄秉维
</b></li>
            <li><b>第 5 届</b><b class="zr">1985
年 05 月-1991 年 06 月</b><b>北京</b><b>黄秉维
</b></li>

```
            <li><b>第 6 届</b><b class="zr">1991
年 06 月-1995 年 12 月</b><b>北京</b><b>吴传钧、陈述
彭、施雅风、张兰生</b></li>
            <li><b>第 7 届</b><b class="zr">1995
年 12 月-1999 年 11 月</b><b>北京</b><b>吴传钧
</b></li>
            <li><b>第 8 届</b><b class="zr">1999
年 11 月-2004 年 05 月</b><b>北京</b><b>陆大道
</b></li>
            <li><b>第 9 届</b><b class="zr">2004
年 5 月-2010 年 5 月</b><b>天津</b><b>陆大道</b></li>
            <li><b>第 10 届</b><b class="zr">2010
年 5 月-2014 年 12 月</b><b>上海</b><b>刘燕华
</b></li>
            <li><b>第 11 届</b><b class="zr">2014
年 12 月-2018 年 12 月</b><b>北京</b><b>傅伯杰
</b></li>
            <li><b>第 12 届</b><b class="zr">2018
年 12 月-2023 年 12 月</b><b>北京</b><b>陈发虎
</b></li>
          </ul>
        <a href="/channel.aspx?id=10" class="more">
查看详情</a></div>
      </div>
    <!--tabbox end-->
  </div>
  <div class="box_r">
    <div class="tie_r">
      <ul class="tabbtn" id="normaltab3">
        <li class="current"><a>分支机构</a></li>
        <li><a>地方学会</a></li>
        <li><a>单位会员</a></li>
      </ul>
      <a href="/channel.aspx?id=8">
        <img src="/static/images/more.png" /></a>
    </div>
```

```html
<div class="tabcon" id="normalcon3">
    <div class="sublist">
        <div class="demo">
            <ul class="tabbtna" id="normaltab5">
                <li class="current"><a>专业<br />
                    委员会</a></li>
                <li><a>分会</a></li>
                <li><a>工作<br />
                    委员会</a></li>
                <li><a>研究<br />
                    工作组</a></li>
                <li><a>区域<br />
                    代表处</a></li>
            </ul>
            <!--tabbtn end-->
            <div class="tabcona" id="normalcon5">
                <div class="sublist_a" style="overflow-y:
scroll;">
                    <ul class="sue_box">
                        <li><b class="zr">名称</b><b>任职
</b><b>负责人</b></li>
                        <li><b class="zr">地貌与第四纪专业
委员会</b><b>主任</b><b>潘保田</b></li>
                        <li><b class="zr">经济地理专业委员
会</b><b>主任</b><b>金凤君</b></li>
                        <li><b class="zr">历史地理专业委员
会</b><b>主任</b><b>吴松弟</b></li>
                        <li><b class="zr">水文地理专业委员
会</b><b>主任</b><b>于静洁</b></li>
                        <li><b class="zr">自然地理专业委员
会</b><b>主任</b><b>吴绍洪</b></li>
                        <li><b class="zr">气候专业委员会
</b><b>主任</b><b>郑景云</b></li>
                        <li><b class="zr">世界地理专业委员
会</b><b>主任</b><b>杜德斌</b></li>
```

<li><b class="zr">环境地理专业委员会</b><b>主任</b><b>刘敏</b></li>
<li><b class="zr">人文地理专业委员会</b><b>主任</b><b>方创琳</b></li>
<li><b class="zr">地图学与地理信息系统专业委员会</b><b>主任</b><b>葛咏</b></li>
<li><b class="zr">海洋地理专业委员会</b><b>主任</b><b>张振克</b></li>
<li><b class="zr">健康地理专业委员会</b><b>主任</b><b>杨林生</b></li>
<li><b class="zr">城市地理专业委员会</b><b>主任</b><b>甄峰</b></li>
<li><b class="zr">旅游地理专业委员会</b><b>主任</b><b>徐红罡</b></li>
<li><b class="zr">农业地理与乡村发展专业委员会</b><b>主任</b><b>龙花楼</b></li>
<li><b class="zr">地理模型与地理信息分析专业委员会</b><b>主任</b><b>王劲峰</b></li>
<li><b class="zr">环境变化与环境考古专业委员会</b><b>主任</b><b>董广辉</b></li>
<li><b class="zr">人口地理专业委员会</b><b>主任</b><b>朱宇</b></li>
<li><b class="zr">城市与区域管理专业委员会</b><b>主任</b><b>李国平</b></li>
<li><b class="zr">文化地理专业委员会</b><b>主任</b><b>周尚意</b></li>
<li><b class="zr">生物地理专业委员会</b><b>主任</b><b>刘鸿雁</b></li>
<li><b class="zr">政治地理与地缘关系专业委员会</b><b>主任</b><b>宋长青</b></li>
<li><b class="zr">自然灾害风险与综合减灾专业委员会</b><b>主任</b><b>史培军</b></li>
<li><b class="zr">发展地理学专业委员会</b><b>主任</b><b>邓祥征</b></li>

```html
                <li><b class="zr">行为地理专业委员
会</b><b>主任</b><b>柴彦威</b></li>
                <li><b class="zr">信息地理专业委员
会</b><b>主任</b><b>李新</b></li>
            </ul>
        </div>
        <div class="sublist_a" style="overflow-y:
scroll;">
            <ul class="sue_box">
            <li><b class="zr">名称</b><b>任职
</b><b>负责人</b></li>
            <li><b class="zr">沙漠分会</b><b>
主任</b><b>王涛</b></li>
            <li><b class="zr">冰川冻土分会
</b><b>主任</b><b>马巍</b></li>
            <li><b class="zr">环境遥感分会
</b><b>主任</b><b>顾行发</b></li>
            <li><b class="zr">山地分会</b><b>
主任</b><b>邓伟</b></li>
            <li><b class="zr">长江分会</b><b>
主任</b><b>段学军</b></li>
            <li><b class="zr">黄河分会</b><b>
主任</b><b>苗长虹</b></li>
            <li><b class="zr">干旱区分会
</b><b>主任</b><b>陈曦</b></li>
            <li><b class="zr">国土空间规划研究
分会</b><b>主任</b><b>樊杰</b></li>
            <li><b class="zr">湖泊与湿地研究分
会</b><b>主任</b><b>秦伯强</b></li>
            <li><b class="zr">一带一路研究分会
</b><b>主任</b><b>刘卫东</b></li>
            <li><b class="zr">树木年轮研究分会
</b><b>主任</b><b>刘禹</b></li>
            <li><b class="zr">地理测年技术分会
</b><b>主任</b><b>赵晖</b></li>
```

```html
            <li><b class="zr">研究生联合分会
</b><b>主任</b><b>钱思彤</b></li>
                </ul>
            </div>
            <div class="sublist_a" style="overflow-y:
scroll;">
                <ul class="sue_box">
                    <li><b class="zr">名称</b><b>任职
</b><b>负责人</b></li>
                    <li><b class="zr">地理教育工作委员
会</b><b>主任</b><b>刘宝元</b></li>
                    <li><b class="zr">地理科普工作委员
会</b><b>主任</b><b>李栓科</b></li>
                    <li><b class="zr">国际科技合作（对
应 IGU）工作委员会</b><b>主任</b><b>周成虎
</b></li>
                    <li><b class="zr">编辑出版工作委员
会</b><b>主任</b><b>何书金</b></li>
                    <li><b class="zr">青年工作委员会
</b><b>主任</b><b>戴尔阜</b></li>
                    <li><b class="zr">学术工作委员会
</b><b>主任</b><b>宋长青</b></li>
                    <li><b class="zr">决策咨询工作委员
会</b><b>主任</b><b>陆大道</b></li>
                    <li><b class="zr">科技评价工作委员
会</b><b>主任</b><b>冷疏影</b></li>
                    <li><b class="zr">地理大数据工作委
员会</b><b>主任</b><b>廖小罕</b></li>
                    <li><b class="zr">陆地地表综合观测
工作委员会</b><b>主任</b><b>高峻</b></li>
                    <li><b class="zr">女地理工作者工作
委员会</b><b>主任</b><b>陈雯</b></li>
                </ul>
            </div>
```

```html
                    <div class="sublist_a" style="overflow-y:
scroll;">
                        <ul class="sue_box">
                         <li><b class="zr">名称</b><b>任职
</b><b>负责人</b></li>
                            <li><b class="zr">地理奥林匹克竞赛
工作组</b><b>组长</b><b>王民</b></li>
                            <li><b class="zr">红层与丹霞研究工
作组</b><b>组长</b><b>彭华</b></li>
                            <li><b class="zr">林超地理博物馆(网
络版)工作组</b><b>组长</b><b>刘闯</b></li>
                            <li><b class="zr">跨境流域与区域合
作研究组</b><b>组长</b><b>何大明</b></li>
                            <li><b class="zr">乡村景观与休闲产
业发展研究组</b><b>组长</b><b>陈田</b></li>
                            <li><b class="zr">地理文献情报分析
工作组</b><b>组长</b><b>曲建升</b></li>
                            <li><b class="zr">流域地理学研究工
作组</b><b>组长</b><b>杨桂山</b></li>
                            <li><b class="zr">地理研学工作组
</b><b>主任</b><b>朱竑</b></li>
                            <li><b class="zr">人类世与湖泊生态
研究工作组</b><b>主任</b><b>羊向东</b></li>
                        </ul>
                    </div>
                    <div class="sublist_a" style="overflow-y:
scroll;">
                        <ul class="sue_box">
                         <li><b class="zr">名称</b><b>任职
</b><b>负责人</b></li>
                            <li><b class="zr">华北区域代表处
</b><b>主任</b><b>李小娟</b></li>
                            <li><b class="zr">华东区域代表处
</b><b>主任</b><b>刘敏</b></li>
```

```html
                <li><b class="zr">华南区域代表处
</b><b>主任</b><b>薛德升</b></li>
                <li><b class="zr">华中区域代表处
</b><b>主任</b><b>夏军</b></li>
                <li><b class="zr">东北区域代表处
</b><b>主任</b><b>吴正方</b></li>
                <li><b class="zr">西北区域代表处
</b><b>主任</b><b>董治宝</b></li>
                <li><b class="zr">西南区域代表处
</b><b>主任</b><b>何大明</b></li>
            </ul>
          </div>
        </div>
      </div>
    </div>
    <div class="sublist_a sub_box" style="overflow-
y: scroll;">
        <b>北京地理学会</b>
        <b>天津地理学会</b>
        <b>河北地理学会</b>
        <b>山西地理学会</b>
        <b>内蒙古地理学会</b>
        <b>辽宁地理学会</b>
        <b>吉林地理学会</b>
        <b>黑龙江地理学会</b>
        <b>上海地理学会</b>
        <b>江苏地理学会</b>
        <b>浙江地理学会</b>
        <b>安徽地理学会</b>
        <b>福建地理学会</b>
        <b>江西地理学会</b>
        <b>山东地理学会</b>
        <b>河南地理学会</b>
        <b>湖北地理学会</b>
        <b>湖南地理学会</b>
```

```html
            <b>广东地理学会</b>
            <b>海南地质地理学会</b>
            <b>广西地理学会</b>
            <b>重庆地理学学会</b>
            <b>四川地理学会</b>
            <b>贵州地理学会</b>
            <b>云南地理学会</b>
            <b>西藏地理学会</b>
            <b>陕西地理学会</b>
            <b>甘肃地理学会</b>
            <b>青海地理学会</b>
            <b>宁夏地理学会</b>
            <b>新疆地理学会</b>
        </div>
        <div class="sublist">
            <div class="dw_mc" style="overflow-y:
scroll;">
                <ul>
                    <li>
                        <div class="font_e">
                            <span></span>
                            <p></p>
                        </div>

                    </li>
                    <li>
                        <div class="font_e">
                            <span></span>
                            <p></p>
                        </div>
                    </li>
                </ul>
            </div>
        </div>
    </div>
    <!--tabbox end-->
```

```html
        </div>
    </div>
    <div class="jx_img">
        <div class="jx">
            <a href="/channel.aspx?id=37">
                <img src="/static/images/h2.png" />
            </a><a href="/channel.aspx?id=46">
                <img src="/static/images/h5.png" /></a>
            <a href="/channel.aspx?id=47">
                <img src="/static/images/h6.png" /></a>
            <a href="/channel.aspx?id=48">
                <img src="/static/images/h4.png" /></a>
        </div>
    </div>
    <div class="book">
        <ul class="tabbtn" id="normaltab4">
            <li class="current"><a>学术期刊</a></li>
            <li><a>科普期刊</a></li>
            <li><a>系列图书</a></li>
            <li><a>出版文集</a></li>
        </ul>
        <div class="tabcon" id="normalcon4">
            <div class="sublist">
                <div id="qikanlist" style="height: 285px"
class="str_wrap">

                    <div class="piclist">
                        <a href="/channel.aspx?id=34">
                            <img
src="/upload/image/day_2021120163773968364249597
0.jpg" width="140" height="194" alt="全球变化数据仓储（
电子杂志）"/>
                        </a>
                        <p>全球变化数据仓储（电子杂志）</p>
                    </div>

                    <div class="piclist">
```

```html
            <a href="/channel.aspx?id=34">
                <img
src="/upload/image/day_2020030963719345558410194
3.png" width="140" height="194" alt="地理科学进展"/>
            </a>
            <p>地理科学进展</p>
        </div>

        <div class="piclist">
            <a href="/channel.aspx?id=34">
                <img
src="/upload/image/day_2020030963719344926675807
9.png" width="140" height="194" alt="地理学报（中文版）
"/>
            </a>
            <p>地理学报（中文版）</p>
        </div>

        <div class="piclist">
            <a href="/channel.aspx?id=34">
                <img
src="/upload/image/day_2020030963719345439894620
4.png" width="140" height="194" alt="地理科学（英）"/>
            </a>
            <p>地理科学（英）</p>
        </div>

        <div class="piclist">
            <a href="/channel.aspx?id=34">
                <img
src="/upload/image/day_2020030963719345211300863
4.png" width="140" height="194" alt="地理研究"/>
            </a>
            <p>地理研究</p>
        </div>

        <div class="piclist">
```

```
        <a href="/channel.aspx?id=34">
            <img
src="/upload/image/day_2020030963719345634347706
8.png" width="140" height="194" alt="地球信息"/>
        </a>
        <p>地球信息</p>
    </div>

        <div class="piclist">
            <a href="/channel.aspx?id=34">
                <img
src="/upload/image/day_2020030963719345710285229
7.png" width="140" height="194" alt="全球数据化"/>
            </a>
            <p>全球数据化</p>
        </div>

        <div class="piclist">
            <a href="/channel.aspx?id=34">
                <img
src="/upload/image/day_2020030963719345665082090
4.png" width="140" height="194" alt="历史地理"/>
            </a>
            <p>历史地理</p>
        </div>

        <div class="piclist">
            <a href="/channel.aspx?id=34">
                <img
src="/upload/image/day_2020030963719345303753939
3.png" width="140" height="194" alt="寒旱区科学"/>
            </a>
            <p>寒旱区科学</p>
        </div>

        <div class="piclist">
            <a href="/channel.aspx?id=34">
```

```
            <img
src="/upload/image/day_202003096371934527831643 2
9.png" width="140" height="194" alt="中国沙漠"/>
            </a>
            <p>中国沙漠</p>
        </div>

        <div class="piclist">
            <a href="/channel.aspx?id=34">
            <img
src="/upload/image/day_202003096371934524681649 5
5.png" width="140" height="194" alt="地理科学（中）"/>
            </a>
            <p>地理科学（中）</p>
        </div>

        <div class="piclist">
            <a href="/channel.aspx?id=34">
            <img
src="/upload/image/day_2020030963719345170269574
3.png" width="140" height="194" alt="干旱区地理"/>
            </a>
            <p>干旱区地理</p>
        </div>

        <div class="piclist">
            <a href="/channel.aspx?id=34">
            <img
src="/upload/image/day_2020030963719345146144563
2.png" width="140" height="194" alt="世界地理研究"/>
            </a>
            <p>世界地理研究</p>
        </div>

        <div class="piclist">
            <a href="/channel.aspx?id=34">
```

```html
            <img
src="/upload/image/day_20200309637193451271757975.png" width="140" height="194" alt="人文地理"/>
            </a>
            <p>人文地理</p>
        </div>

        <div class="piclist">
            <a href="/channel.aspx?id=34">
            <img
src="/upload/image/day_202003096371934507067584112.png" width="140" height="194" alt="经济地理"/>
            </a>
            <p>经济地理</p>
        </div>

        <div class="piclist">
            <a href="/channel.aspx?id=34">
            <img
src="/upload/image/day_202003096371934504684772366.png" width="140" height="194" alt="山地学报"/>
            </a>
            <p>山地学报</p>
        </div>

        <div class="piclist">
            <a href="/channel.aspx?id=34">
            <img
src="/upload/image/day_202003096371934499878519336.png" width="140" height="194" alt="冰川冻土"/>
            </a>
            <p>冰川冻土</p>
        </div>

        <div class="piclist">
            <a href="/channel.aspx?id=34">
```

```
                <img
src="/upload/image/day_20200309637193449695352011
1.png" width="140" height="194" alt="地理学报（英文版）
"/>
            </a>
            <p>地理学报（英文版）</p>
        </div>

                </div>
    </div>
    <div class="sublist">
        <div id="kepulist" style="height: 285px">

            <div class="piclist">
                <a href="/channel.aspx?id=34">
                <img
src="/upload/image/day_20180621636651701831289725
5.jpg" width="140" height="194" alt="中国国家地理"/>
            </a>
            <p>中国国家地理</p>
        </div>

            <div class="piclist">
                <a href="/channel.aspx?id=34">
                <img
src="/upload/image/day_20180620636650829673164520
0.jpg" width="140" height="194" alt="《中华人民共和国地
貌图集》"/>
            </a>
            <p>《中华人民共和国地貌图集》</p>
        </div>

        </div>
    </div>
    <div class="sublist">
```

```html
<div id="zhuzuolist" style="height: 285px">

    <div class="piclist">
        <a href="/channel.aspx?id=34">
            <img
src="/upload/image/day_201807066366467956957087
2.jpg" width="140" height="194" alt="《经济地理学》（第
三版）"/>
        </a>
        <p>《经济地理学》（第三版）</p>
     </div>

    <div class="piclist">
        <a href="/channel.aspx?id=34">
            <img
src="/upload/image/day_201806206366508563836334 0
4.jpg" width="140" height="194" alt="《地理学论文写作》
"/>
        </a>
        <p>《地理学论文写作》</p>
     </div>

    <div class="piclist">
        <a href="/channel.aspx?id=34">
            <img
src="/upload/image/day_201806206366508549258209 1
9.jpg" width="140" height="194" alt="《地理学学科发展报
告（地图学与地理信息系统）》"/>
        </a>
        <p>《地理学学科发展报告（地图学与地理信
息系统）》</p>
     </div>

    <div class="piclist">
        <a href="/channel.aspx?id=34">
```

```
                <img
src="/upload/image/day_2018062063665085364050823
3.jpg" width="140" height="194" alt="《地理学学科发展报
告（人文-经济地理学）》"/>
                </a>
                <p>《地理学学科发展报告（人文-经济地理
学）》</p>
            </div>


            <div class="piclist">
                <a href="/channel.aspx?id=34">
                <img
src="/upload/image/day_2018062063665085217457079
1.jpg" width="140" height="194" alt="《农户地理论》"/>
                </a>
                <p>《农户地理论》</p>
            </div>


            <div class="piclist">
                <a href="/channel.aspx?id=34">
                <img
src="/upload/image/day_2018062063665083146300837
5.jpg" width="140" height="194" alt="《中国中部农区发展
研究》"/>
                </a>
                <p>《中国中部农区发展研究》</p>
            </div>


            <div class="piclist">
                <a href="/channel.aspx?id=34">
                <img
src="/upload/image/day_2018062063665082469238340
4.jpg" width="140" height="194" alt="《德国工业旅游及工
业遗产保护》出版发行"/>
                </a>
```

```html
        <p>《德国工业旅游及工业遗产保护》出版发
行</p>
        </div>

        <div class="piclist">
        <a href="/channel.aspx?id=34">
        <img
src="/upload/image/day_201806206366508221748836
2.jpg" width="140" height="194" alt="农业资源系统耦合模
拟与应用"/>
        </a>
        <p>农业资源系统耦合模拟与应用</p>
        </div>

        <div class="piclist">
        <a href="/channel.aspx?id=34">
        <img
src="/upload/image/day_201806206366508195461334
98.jpg" width="140" height="194" alt="中国城市化 格局·过
程·机理"/>
        </a>
        <p>中国城市化 格局·过程·机理</p>
        </div>

        <div class="piclist">
        <a href="/channel.aspx?id=34">
        <img
src="/upload/image/day_201806206366508178634772
14.jpg" width="140" height="194" alt="城市化"/>
        </a>
        <p>城市化</p>
        </div>

        <div class="piclist">
        <a href="/channel.aspx?id=34">
        <img
src="/upload/image/day_201806196366502027103522 6
```

```
7.jpg" width="140" height="194" alt="《中国地理学最新进
展--21 世纪展望》(英文)出版发行"/>
                    </a>
                    <p>《中国地理学最新进展--21 世纪展望》(
英文)出版发行</p>
                </div>

                <div class="piclist">
                    <a href="/channel.aspx?id=34">
                        <img
src="/upload/image/day_20180619636650200358476846
2.jpg" width="140" height="194" alt="《追寻文脉追求和谐
》专著出版"/>
                    </a>
                    <p>《追寻文脉追求和谐》专著出版</p>
                </div>

                <div class="piclist">
                    <a href="/channel.aspx?id=34">
                        <img
src="/upload/image/day_20180619636650198123320977
7.jpg" width="140" height="194" alt="《地理科学学科发展
报告(2008-2009)》出版发行"/>
                    </a>
                    <p>《地理科学学科发展报告(2008-2009)》
出版发行</p>
                </div>

                <div class="piclist">
                    <a href="/channel.aspx?id=34">
                        <img
src="/upload/image/day_20180619636650192588008291
1.jpg" width="140" height="194" alt="《产业结构升级与城
镇空间模式协同性研究——以长江三角洲地区为例》"/>
                    </a>
```

```
            <p>《产业结构升级与城镇空间模式协同性研
究——以长江三角洲地区为例》</p>
        </div>

        <div class="piclist">
            <a href="/channel.aspx?id=34">
                <img
src="/upload/image/day_201806196366501896409768
9.jpg" width="140" height="194" alt="《区域经济协调发展
的理论与实践——以上海和长江流域地区为例》"/>
            </a>
            <p>《区域经济协调发展的理论与实践——以
上海和长江流域地区为例》</p>
        </div>

        <div class="piclist">
            <a href="/channel.aspx?id=34">
                <img
src="/upload/image/day_201806196366501868212894
6.jpg" width="140" height="194" alt="《地理信息系统导论
》（第三版）"/>
            </a>
            <p>《地理信息系统导论》（第三版）</p>
        </div>

    </div>
</div>
<div class="sublist">
    <div id="huixunlist"style="height: 285px">

        <div class="piclist">
            <a href="/channel.aspx?id=34">
                <img
src="/upload/image/day_201806206366508261158206
6.jpg" width="140" height="194" alt="地理报刊资料剪辑"/>
            </a>
            <p>地理报刊资料剪辑</p>
```

```
        </div>

        <div class="piclist">
            <a href="/channel.aspx?id=34">
                <img
src="/upload/image/day_201806196366501841408206
23.jpg" width="140" height="194" alt="《中国特色经济地理
学探索》出版"/>
            </a>
            <p>《中国特色经济地理学探索》出版</p>
        </div>

        <div class="piclist">
            <a href="/channel.aspx?id=34">
                <img
src="/upload/image/day_201806196366501803486331
02.jpg" width="140" height="194" alt="《三化协调发展的河
南实践》出版发行"/>
            </a>
            <p>《三化协调发展的河南实践》出版发行
</p>
        </div>

        <div class="piclist">
            <a href="/channel.aspx?id=34">
                <img
src="/upload/image/day_201806196366501765456643
59.jpg" width="140" height="194" alt="人文地理学导论
"/>
            </a>
            <p>人文地理学导论</p>
        </div>

        <div class="piclist">
            <a href="/channel.aspx?id=34">
                <img
src="/upload/image/day_201806136366449704784768 7
```

```
5.jpg" width="140" height="194" alt="《 "一带一路" ——
引领包容性全球化》"/>
                </a>
                <p>《 "一带一路" ——引领包容性全球化》
</p>
            </div>

        <div class="piclist">
            <a href="/channel.aspx?id=34">
                <img src="" width="140" height="194"
alt="《21世纪中国地球科学发展战略报告》出版"/>
            </a>
            <p>《21世纪中国地球科学发展战略报告》
出版</p>
        </div>

    </div>
    </div>
    </div>
</div>
<!--内容信息结束-->
<!--友情链接开始-->
<div class="fot_w">
    <div class="footer">
        <a href="#" class="top">
            <img src="/static/images/dib.png" /></a>
        <div class="title_l">
            <h3>友情链接 / <i>Friendship link</i>
            </h3>
        </div>
        <div class="dw">

        </div>
    </div>
</div>
<!--友情链接结束-->
<!--底部开始-->
```

```html
<div class="fot_w2">
    版权所有：© 2017-2020 中国地理学会
   地址：北京市朝阳区大屯路甲 11 号
      邮编：100101<br />
    电话：010-64870663      传真：
010-64870663<br />      E-mail：
gsc@igsnrr.ac.cn<br />
    <a href="https://beian.miit.gov.cn" target="_blank">
备案/许可证号码：京 ICP 备 18020997 号-6</a><br />
    技术支持：北京智联软件技术有限公司
</div>
<!--底部结束-->
<script type="text/javascript"
src="/static/js/script.js"></script>
    <script type="text/javascript"
src="/static/js/scrolltext.js"></script>
    <script type="text/javascript"
src="/static/js/jquery.tabso_yeso.js"></script>
    <script type="text/javascript"
src="/static/js/jquery.liMarquee.js"></script>
    <script type="text/javascript">
    if (document.getElementById("jsfoot01")) {
        var scrollup = new ScrollText("jsfoot01");
        scrollup.LineHeight = 22;        //单排文字滚动的高
度
        scrollup.Amount = 1;             //注意:子模块
(LineHeight)一定要能整除 Amount.
        scrollup.Delay = 20;        //延时
        scrollup.Start();           //文字自动滚动
        scrollup.Direction = "down"; //文字向下滚动
    }

    $(document).ready(function ($) {
    //默认选项卡切换
    $("#normaltab1").tabso({
        cntSelect: "#normalcon1",
```

```javascript
        tabEvent: "click",
        tabStyle: "normal"
    });
    //默认选项卡切换
    $(".box_l #normaltab2").tabso({
        cntSelect: ".box_l #normalcon2",
        tabEvent: "click",
        tabStyle: "normal"
    });
    //默认选项卡切换
    $(".box_r #normaltab3").tabso({
        cntSelect: ".box_r #normalcon3",
        tabEvent: "click",
        tabStyle: "normal"
    });
    $(".book #normaltab4").tabso({
        cntSelect: ".book #normalcon4",
        tabEvent: "click",
        tabStyle: "normal"
    });

    $(".demo #normaltab5").tabso({
        cntSelect: ".demo #normalcon5",
        tabEvent: "click",
        tabStyle: "normal"
    });

    $('#qikanlist').liMarquee({
        direction: 'up', runshort: false
    });
    $('#kepulist').liMarquee({
        direction: 'up', runshort: false
    });
    $('#zhuzuolist').liMarquee({
        direction: 'up', runshort: false
    });
    $('#huixunlist').liMarquee({
        direction: 'up', runshort: false
```

```
      });
    });
  </script>

</body>
</html> <!DOCTYPE html><html><head><title>搜狐
</title><meta name=Keywords content=搜狐,门户网站,
新媒体,网络媒体,新闻,财经,体育,娱乐,时尚,汽车,房产,科技,图
片,论坛,微博,博客,视频,电影,电视剧><meta
name=Description content=搜狐网为用户提供 24 小时不
间断的最新资讯，及搜索、邮件等网络服务。内容包括全球
热点事件、突发新闻、时事评论、热播影视剧、体育赛事、
行业动态、生活服务信息，以及论坛、博客、微博、我的搜
狐等互动空间。><meta name=shenma-site-verification
content=1237e4d02a3d8d73e96cbd97b699e9c3_1504
254750><meta charset=utf-8><meta http-equiv=X-UA-
Compatible content="IE=edge"><meta http-equiv=x-
dns-prefetch-control content=on><meta
name=viewport content="width=device-width,initial-
scale=1,minimum-scale=1,maximum-scale=1,user-
scalable=no,viewport-fit=cover"><meta name=data-
spm content=smpc><meta name=referrer
content=always><link rel=dns-prefetch
href=//mp.sohu.com><link rel=dns-prefetch
href=//zmt.itc.cn><link rel=dns-prefetch
href=//statics.itc.cn><link rel=dns-prefetch
href=//5b0988e595225.cdn.sohucs.com><link rel=dns-
prefetch href=//29e5534ea20a8.cdn.sohucs.com><link
rel=dns-prefetch href=//img.mp.itc.cn><link rel=dns-
prefetch href=//img.mp.sohu.com><link rel=icon
href=//statics.itc.cn/mp-new/icon/1.1/favicon.ico
mce_href=/favicon.ico type=image/x-icon><link
rel="shortcut icon" href=//statics.itc.cn/mp-
new/icon/1.1/favicon.ico mce_href=/favicon.ico
type=image/x-icon><link rel=apple-touch-icon
sizes=57x57 href=//zmt.itc.cn/static/images/pic/sohu-
logo/logo-57.png><link rel=apple-touch-icon
```

sizes=72x72 href=//zmt.itc.cn/static/images/pic/sohu-logo/logo-72.png><link rel=apple-touch-icon sizes=114x114 href=//zmt.itc.cn/static/images/pic/sohu-logo/logo-114.png><link rel=apple-touch-icon sizes=144x144 href=//zmt.itc.cn/static/images/pic/sohu-logo/logo-144.png><style>body{background-repeat:no-repeat!important;background-position:top center!important}</style><script>"function"!=typeof Object.assign&&(Object.assign=function(n){"use strict";if(null==n)throw new TypeError("Cannot convert undefined or null to object");n=Object(n);for(var t=1;t<arguments.length;t++){var r=arguments[t];if(null!=r)for(var e in r)Object.prototype.hasOwnProperty.call(r,e)&&(n[e]=r[e])}return n})</script><script>!function(e,t){function i(){var t=n.getBoundingClientRect().width;t/l>540&&(t=540*l);var i=t/10;n.style.fontSize=i+"px",d.rem=e.rem=i}var a,r=e.document,n=r.documentElement,o=r.querySelector('meta[name="viewport"]'),s=r.querySelector('meta[name="flexible"]'),l=0,m=0,d=t.flexible||(t.flexible={});if(o){var p=o.getAttribute("content").match(/initial\-scale=([\d\.]+)/);p&&(m=parseFloat(p[1]),l=parseInt(1/m))}else if(s){var c=s.getAttribute("content");if(c){var u=c.match(/initial\-dpr=([\d\.]+)/),f=c.match(/maximum\-dpr=([\d\.]+)/);u&&(l=parseFloat(u[1]),m=parseFloat((1/l).toFixed(2))),f&&(l=parseFloat(f[1]),m=parseFloat((1/l).toFixed(2)))}}if(e.navigator.appVersion.match(/iphone/gi)?n.setAttribute("class","ios"):n.setAttribute("class","android"),!l&&!m){var v=(e.navigator.appVersion.match(/android/gi),e.navigator.appVersion.match(/iphone/gi)),h=e.devicePixelRatio;m=1/(l=v?h>=3&&(!l||l>=3)?3:h>=2&&(!l||l>=2)?2:1:1)}if(n.setAttribute("data-dpr",l),!o)if((o=r.createElement("meta")).setAttribute("name","viewport"),o.setAttribute("content","initial-

```
scale="+m+", maximum-scale="+m+", minimum-
scale="+m+", user-
scalable=no"),n.firstElementChild)n.firstElementChild.ap
pendChild(o);else{var
b=r.createElement("div");b.appendChild(o),r.write(b.in
nerHTML)}e.addEventListener("resize",(function(){clearTi
meout(a),a=setTimeout(i,300)}),!1),e.addEventListener("
pageshow",(function(e){e.persisted&&(clearTimeout(a)
,a=setTimeout(i,300))}),!1),"complete"===r.readyState?r
.body.style.fontSize=12*l+"px":r.addEventListener("DOM
ContentLoaded",(function(){r.body.style.fontSize=12*l+"
px"}),!1),i(),d.dpr=e.dpr=l,d.refreshRem=i,d.rem2px=fun
ction(e){var
t=parseFloat(e)*this.rem;return"string"==typeof
e&&e.match(/rem$/)&&(t+="px"),t},d.px2rem=function(
e){var t=parseFloat(e)/this.rem;return"string"==typeof
e&&e.match(/px$/)&&(t+="rem"),t}}(window,window.li
b||(window.lib={}))</script><script>window&&window
.performance&&"function"==typeof
window.performance.now&&(window.MptcfePerf?win
dow.MptcfePerf.headst=+new
Date:window.MptcfePerf={headst:+new
Date})</script> <link rel=preload
href=//statics.itc.cn/fasttpl/pchome/prod/ClientJs/202
37271442/main-2672d49e88.js as=script><link
rel=preload
href=//statics.itc.cn/fasttpl/pchome/prod/ClientCss/20
237271442/main-2672d49e88.css as=style><link
href=//statics.itc.cn/fasttpl/pchome/prod/ClientCss/20
237271442/main-2672d49e88.css rel=stylesheet>
<script>"true"==((window.localStorage||{getItem:func
tion(){},setItem:function(){}}).getItem("isClassicDefault")
||"false")&&(window.location.href="http://www.sohu.c
om/classic?spm=smpc.home.classic-
user.0.0")</script><script
type=text/javascript>!function(){var
e=document.getElementsByTagName("html")[0],t=Mat
h.min(document.documentElement.clientWidth,790);fu
```

nction
n(){if(document.documentElement.clientWidth<=1024)
{var
t=Math.min(document.documentElement.clientWidth,
790);t=t<320?320:t,e.style.fontSize=t/790*79+"px"}else
e.style.fontSize="16px"}t=t<320?320:t,document.docum
entElement.clientWidth<=1024&&(e.style.fontSize=t/790
*79+"px"),window.addEventListener?window.addEvent
Listener("resize",n):window.attachEvent&&window.atta
chEvent("onresize",n)}()</script> </head><script>
    window.CBDRenderConst =
{"GATEWAYCONST":{"cityInfo":{"cityName":"六安
","district":"安徽
","cityCode":"341500","isSuccess":true,"cityNumber":null,"
cityShortName":null}}}
    </script><script>
    window.app = {"id":6,"name":"PC 搜狐网
","appCode":"smpc","appDomain":"www.sohu.com","pl
atform":"pc","logo":"","brief":"","ua":null,"channel":null,"so
urce":"","status":3,"weight":33,"appPreDomain":"pre.beta
.www.sohu.com","spmACode":"smpc","urlPrefix":"//www
.sohu.com","trafficTag":null,"config":null}
    </script><script>
    window.originalRequest =
{"businessType":13,"debug":false,"contentId":1467,"cont
entKey":null,"requestId":"1690738680120_ZAY8Q9Q","refe
r":null,"ua":"Agent1385955344","clientType":"pc","infoUrl":"
http://ce-xceng-prod.ns-ce-
prod.svc.cluster.local:8086/channel/info","ip":"36.56.231
.115","userAgent":"Agent1385955344","userId":null,"url":"ht
tp://www.sohu.com/gateway/tpl/fasttpl","suv":"169073
8680120ceNKOB","adapter":"default","homePage":"ww
w.sohu.com/","domain":"www.sohu.com","trans":null,"so
urce":null,"browser":"-","os":"-
","channel":null,"tagCode":null,"expId":null,"bucketId":nu
ll,"codeName":null,"sec":null,"blockCode":null,"mkey":nu
ll,"umabUserId":null,"passport":null,"domainKey":null,"isInt

ranet":false,"preKey":null,"cityInfo":{"cityName":"六安","district":"安徽","cityCode":"341500","isSuccess":true,"cityNumber":null,"cityShortName":null},"htmlType":1,"scene":"homePage","productSource":null,"pageId":null,"trafficTag":null,"login":false,"loginState":{},"extend":{},"expParam":{},"appCode":"smpc","authorization":null}
    </script><script>
      window.contentData =
{"id":1467,"businessType":13,"adTags":"","categoryId":47}
    </script><script>
      window.RUNNINGENV = "cloudProd"
    </script><body class=sohu-index-v3 data-spm="home" data-spm-ext="productId:1467;productType:13;categoryId:47;businessTemplateGroupId:110073;appCode:smpc;medialId:121135924"><script>if(window&&window.performance&&"function"==typeof window.performance.now){var currentTime=Math.round(window.performance.now());window.MptcfePerf?window.MptcfePerf.fmp=currentTime:window.MptcfePerf={fmp:currentTime},window.MptcfePerf?window.MptcfePerf.pltst=+new Date-currentTime:window.MptcfePerf={pltst:+new Date-currentTime},window.MptcfePerf?window.MptcfePerf.fmpst=+new Date:window.MptcfePerf={fmpst:+new Date}}</script><header class=sohu-head><div class="area sohu-head-box"><div class="right head-right"></div></div></header><div class=theme-skin-wrap data-spm=top-festival><div class=mask></div><div class=close-wrap><div class=icon-wrap><i class=icon-close></i></div><div>关闭皮肤</div></div></div><div class=top-box><div class=top-box-wrapper> <div class="logo-search area" data-spm="top-logo"><div class="logo left"><a href="/" target=_blank>搜狐首页</a></div><div class="search-mod left"><div class="search left" id=search></div></div><div class=links-list-wrap><ul

class=links><a
href="http://mp.sohu.com?_trans_=12312"
target=_blank><li class="link shh"><div
class=icon></div><div class=title>搜狐号
</div></li></a><a href="https://mail.sohu.com"
target=_blank><li class="link sohu_email"><div
class=icon></div><div class=title>搜狐邮箱
</div></li></a></ul></div></div> <nav class="nav
area" data-spm="top-nav"> <div class="box first">
<a class=nav-item data-clev="10220218" target=_blank
href="https://news.sohu.com/?scm=1103.plate:412:0.0.
2.0"><strong>新闻</strong></a> <a class="nav-item
2" data-clev="10220219" target=_blank
href="https://mil.sohu.com/?scm=1103.plate:412:0.0.2.0
"> 军事 </a> <a class="nav-item 2" data-
clev="10220220" target=_blank
href="https://www.sohu.com/xchannel/TURBd01EQXhP
VGt5?scm=1103.plate:412:0.0.2.0"> 专题 </a> <a
class=nav-item data-clev="10220221" target=_blank
href="https://business.sohu.com/?scm=1103.plate:412:0
.0.2.0"><strong>财经</strong></a> <a class="nav-
item 2" data-clev="10220222" target=_blank
href="https://www.sohu.com/xchannel/TURBd01EQXhO
RE16?scm=1103.plate:412:0.0.2.0"> 宏观 </a> <a
class="nav-item 2" data-clev="10220223" target=_blank
href="https://www.sohu.com/xchannel/TURBd01EQXhO
RE0x?scm=1103.plate:412:0.0.2.0"> 理财 </a> </div>
<div class=box> <a class=nav-item data-
clev="10220224" target=_blank
href="/xchannel/tag?key=%E4%BD%93%E8%82%B2&am
p;scm=1103.plate:412:0.0.2.0"><strong>体育
</strong></a> <a class="nav-item 2" data-
clev="10220225" target=_blank
href="https://sports.sohu.com/s/nba?scm=1103.plate:4
12:0.0.2.0"> NBA </a> <a class="nav-item 2" data-
clev="10220226" target=_blank
href="https://sports.sohu.com/s/cba?scm=1103.plate:4

12:0.0.2.0"> CBA </a>   <a class=nav-item data-clev="10220227" target=_blank href="https://www.focus.cn/?scm=1103.plate:412:0.0.2.0"><strong>房产</strong></a>   <a class="nav-item 2" data-clev="10220228" target=_blank href="https://www.focus.cn/loupan/?scm=1103.plate:412:0.0.2.0"> 新房 </a>   <a class="nav-item 2" data-clev="10220229" target=_blank href="https://home.focus.cn/?scm=1103.plate:412:0.0.2.0"> 家居 </a>   </div>   <div class=box>   <a class=nav-item data-clev="10220230" target=_blank href="https://yule.sohu.com/?scm=1103.plate:412:0.0.2.0"><strong>娱乐</strong></a>   <a class="nav-item 2" data-clev="10220231" target=_blank href="https://track.sohu.com/promotion?link=SXL%252Fhq%252Br0s4lBeZpnsfl9laHOyvtGqwuGnytY7Xa5MPrlVmwXxwS8Bqfs4qFksy9VPGzsufRGp6RPQhf%252BSBJbvfR6Lmdwion8XF%252BZDx24REh2ThyXfupLqVoSZd8PsPDVkFzqElBq78pQjhQA0rEgRk4w%252B8HgwXT%252BlOndp68MTk%253D&pcm=202.412_13_0.0.0&scm=1103.plate:412:0.0.2.0"> 视频 </a>   <a class="nav-item 2" data-clev="10220232" target=_blank href="https://track.sohu.com/promotion?link=M%252FRckC4JYbL6lnKQoEYwguHUZ2XW6e8hhPVBcLZ4Dmer2pDl14qKagCZt9NnW56swapd8Odab5XqojZhr6DeOSRiHhNaqFNDy91e%252FTPkMRs%252FmtZkQLtniTj8AqlDgwbcmcUQONiClE2Po7h8c4uMM0T3O8L%252B4T1bASeouxS4okA%253D&pcm=202.412_14_0.0.0&scm=1103.plate:412:0.0.2.0"> 电视剧 </a>   <a class=nav-item data-clev="10220233" target=_blank href="https://auto.sohu.com/?scm=1103.plate:412:0.0.2.0"><strong>汽车</strong></a>   <a class="nav-item 2" data-clev="10220234" target=_blank href="https://db.auto.sohu.com/home/?scm=1103.plate:412:0.0.2.0"> 买车 </a>   <a class="nav-item 2" data-clev="10220235" target=_blank href="https://auto.sohu.com/newenergy?scm=1103.pl

ate:412:0.0.2.0"> 新能源 </a> </div> <div class=box> <a class=nav-item data-clev="10220236" target=_blank href="https://fashion.sohu.com/?scm=1103.plate:412:0. 0.0.2.0"><strong>时尚</strong></a> <a class="nav-item 2" data-clev="10220237" target=_blank href="https://travel.sohu.com/?scm=1103.plate:412:0.0. 2.0"> 旅游 </a> <a class="nav-item 2" data-clev="10220238" target=_blank href="https://baobao.sohu.com/?scm=1103.plate:412: 0.0.2.0"> 母婴 </a> <a class=nav-item data-clev="10220239" target=_blank href="https://it.sohu.com/?scm=1103.plate:412:0.0.2.0"> <strong>科技</strong></a> <a class="nav-item 2" data-clev="10220240" target=_blank href="https://learning.sohu.com/?scm=1103.plate:412:0 .0.2.0"> 教育 </a> <a class="nav-item 2" data-clev="10220241" target=_blank href="https://health.sohu.com/?scm=1103.plate:412:0.0 .2.0"> 健康 </a> </div> <div class=box> <a class=nav-item data-clev="10220242" target=_blank href="https://chihe.sohu.com/?scm=1103.plate:412:0.0. 2.0"><strong>美食</strong></a> <a class="nav-item 2" data-clev="10220243" target=_blank href="http://cul.sohu.com/?scm=1103.plate:412:0.0.2.0" > 文化 </a> <a class="nav-item 2" data-clev="10220244" target=_blank href="https://history.sohu.com/?scm=1103.plate:412:0.0 .2.0"> 历史 </a> <a class=nav-item data-clev="10220245" target=_blank href="https://astro.sohu.com/?scm=1103.plate:412:0.0. 2.0"><strong>星座</strong></a> <a class="nav-item 2" data-clev="10220246" target=_blank href="https://acg.sohu.com/?scm=1103.plate:412:0.0.2. 0"> 动漫 </a> <a class="nav-item 2" data-clev="10220247" target=_blank href="https://game.sohu.com/?scm=1103.plate:412:0.0

.2.0"> 游戏 </a> </div>   <div class=box>   <a class=nav-item data-clev="10220248" target=_blank href="https://mail.sohu.com/fe/?scm=1103.plate:412:0. 0.2.0"><strong>邮箱</strong></a>   <a class="nav-item 2" data-clev="10220249" target=_blank href="https://www.sohu.com/xtopic/TURBd01ERTJNRE1 3?scm=1103.plate:412:0.0.2.0"> 24 小时 </a>   <a class="nav-item 2" data-clev="10220250" target=_blank href="http://blog.sohu.com/?scm=1103.plate:412:0.0.2. 0"> 博客 </a>   <a class=nav-item data-clev="10220251" target=_blank href="https://track.sohu.com/promotion?link=b%252BAr Kh%252B2syPnz5aHHDKZZSmdHa0LRcHYoW30gCQq3a hYVP%252BT8XtYPRD%252BlpNwNQrnhaWIyhfeIWrKLo% 252BtqPmTRj9SbIB7anVT4jtliZz68l9o7Dj9EaFj4H0tC1IQpn P3ClJmz%252FMQTFZCiBKqEHrKlrPsGlmbl8hO%252BQi98 uPBKQU%253D&pcm=202.412_33_0.0.0&scm =1103.plate:412:0.0.2.0"><strong>SaaS</strong></a> <a class="nav-item 2" data-clev="10220252" target=_blank href="https://www.sohu.com/xchannel/TURBd01EQXdN ekl6?scm=1103.plate:412:0.0.2.0"> 热评榜 </a>   <a class="nav-item 2" data-clev="10220253" target=_blank href="https://sports.sohu.com/s/bet?scm=1103.plate:41 2:0.0.2.0"> 彩票 </a> </div>   <div class="box end"> <a class=nav-item data-clev="10220254" target=_blank href="https://track.sohu.com/promotion?link=ZQfl0bxTR 6wvxH%252FHz6vGPjqLr6oU5RBlw%252FUEL7zdTFMg2tN NFxeQ5LMj0p99nWv3YFVEq8M%252BKbLcVg5MFlNa5A JfVKfKBg1qlwmvCbqATlYLwKS%252F0Fd4Bd9KgzoFeMF gtNovet7sfoWMN9%252B4Uh0r%252Fwy90lVArbIMN6B3 ZdshJq4%253D&pcm=202.412_36_0.0.0&scm =1103.plate:412:0.0.2.0"><strong>千帆</strong></a> <a class="nav-item 2" data-clev="10220255" target=_blank href="https://www.sohu.com/xchannel/TURBd01EQXhO VFkz?scm=1103.plate:412:0.0.2.0"> 大视野 </a>   <a

class="nav-item rear" data-clev="10220256"
target=_blank
href="https://gongyi.sohu.com/?scm=1103.plate:412:0.
0.2.0"> 公益 </a>   <a class=nav-item data-
clev="10220257" target=_blank
href="https://track.sohu.com/promotion?link=V9PtfC1c
%252FpiXzRwNAE2hPs16KuL5UjJWFMva5juytxqht6CW5
OkoOcEVJJsmWinQ41lu5n%252BvYaXDQl7hFq8kthKz%2
52FpMs8NZYBzfqu4HKs%252BwQaVb3clv0d6nDopphHw
u10xJz%252BznVW93vw4JKBUuAEOmVfhwFOJ%252BjW
ko2DU3h9VF8%253D&pcm=202.412_39_0.0.0&am
p;scm=1103.plate:412:0.0.2.0"><strong>畅游
</strong></a>   <a class="nav-item 2" data-
clev="10220258" target=_blank
href="https://track.sohu.com/promotion?link=J0Uen4B0
vcvqmejpWpFSilBdcqkZFXZSSSp9Xl1rfy1yHFd2lrl3acBqV
5dwp6N5vkQiv89Tr%252FVFNYjx9J8aJcFxj2l11YS%252FM
P6zBWnsBa4Jh7HW9x2hD9H%252F5XSdOnKJEkFlueEKBx
D4tHH9Rd8T6N%252FXVKhtAeGA41sX5FghyJE%253D&a
mp;pcm=202.412_40_0.0.0&scm=1103.plate:412:0.
0.2.0"> 17173 </a>   <a class="nav-item rear" data-
clev="10220259" target=_blank
href="http://gov.sohu.com/?scm=1103.plate:412:0.0.2.0
"> 政务 </a>   </div>   </div></div></nav>
</div></div><div class=wrapper-box><div
class="god_header clearfix area"> <div class="jubao
right"><div class=jubao-box id=report><div
class=jubao-list><div class="jubao-con jubao01"><a
target=_blank
href=http://news.sohu.com/s2013/fanfujubao/ >网络监
督专区欢迎监督如实举报</a></div><div class="jubao-
con jubao09"><a target=_blank
href=https://www.xuexi.cn/ >学习强国</a></div><div
class="jubao-con jubao11"><a target=_blank
href="//mp.sohu.com/profile?xpt=NDdhZWJhZWMtYjJIY
S00YzlkLWI2ZWMtNGY2NjE3OTE1MWEx">网警小课堂
</a></div><div class="jubao-con jubao06"><a

target=_blank href=http://ggkf40.cctv.com>伟大的变革
</a></div><div class="jubao-con jubao04"><a
target=_blank
href=http://i2.itc.cn/20141216/26b_4594d163_880a_4d
dc_d8a5_23b7ed2a23b3_1.jpg>社会主义核心价值观
</a></div><div class="jubao-con jubao05"><a
target=_blank href=http://www.12377.cn>网上有害信息
举报专区</a></div></div></div></div> <div
class="god-head columnAd"
id=columnAd1></div></div> <div class="area
contentA public clearfix"><div class="left main"><div
class="main-box clearfix"><div class="main-left left">
<div class="focus swiper-focus" data-role=index-focus
data-spm="fspic"> <div class=scroll id=swiper><div
class=con data-role=item-wrapper>   <div class="pic
img-do"><a target=_blank data-
param="?_f=index_focus_0"
href="/a/707582965_123753?edtsign=32849B5B740F5F44
E6827BAE2AAC7E96F17C755E&edtcode=ZXZlga8T
CtoUBnjChyFSEw%3D%3D&scm=1103.plate:283:0.
0.1_1.0" title="成都大运会：中国代表团日进 9 金">
<img alt="成都大运会：中国代表团日进 9 金"
src="//p5.itc.cn/c_lfill,w_640,h_426,g_face,q_70/images
03/20230731/590a38dfe0cf432a80c53bb8abbe5215.jp
eg"> <span class="shadow linear-box"><em
class=linear-bg></em><span>成都大运会：中国代表团日
进 9 金</span></span></a></div>   <div class="pic
img-do"><a target=_blank data-
param="?_f=index_focus_1"
href="/a/707541813_120091539?edtsign=832959C63569
56F6B9ABDCFFA1C01925AFDD246F&edtcode=ZXZ
lga8TCtoUBnjChyFSEw%3D%3D&scm=1103.plate:2
83:0.0.1_1.0" title="张朝阳回应吴京隔空喊话">   <img
alt="张朝阳回应吴京隔空喊话"
src="//p3.itc.cn/c_lfill,w_640,h_426,g_face,q_70/images
03/20230730/58f82a0724414b0cb993b7f584c66e80.jpe
g"> <span class="shadow linear-box"><em class=linear-

bg></em><span>张朝阳回应吴京隔空喊话
</span></span></a></div> <div class="pic ad-focus"
name=focusAd> <a target=_blank data-
param="?_f=index_focus_2"
href="/a/707580306_116237?edtsign=239B7B8E8BD9C95
70FE23C584C46F7D27AC8696B&edtcode=ZXZlga
8TCtoUBnjChyFSEw%3D%3D&scm=1103.plate:283:
0.0.1_1.0" title="暴雨红色预警下的京津冀">   <img alt="
暴雨红色预警下的京津冀"
src="//p4.itc.cn/c_lfill,w_640,h_426,g_face,q_70/images
03/20230731/e7c9cd2cfe704fa9950daee4130d7aaf.jp
eg"> <span class="shadow linear-box"><em
class=linear-bg></em><span>暴雨红色预警下的京津冀
</span></span></a> </div> </div><div class=autos>
<span data-id="0" class="cur"><a></a></span>
<span data-id="1" class=""><a></a></span> <span
data-id="2" class=""><a></a></span>   </div><div
class=btns><a href=javascript:void(0)
class=btnl></a><a href=javascript:void(0)
class=btnr></a></div></div> </div><div class="pic-
group clearfix" data-spm="pic-group"><ul>   <li
class=""><a data-param="?_f=index_focus_3"
href="/a/707576264_121345914?edtsign=905AFD654CA
74A033C84958C3D0474007FC3FE9E&edtcode=ZX
Zlga8TCtoUBnjChyFSEw%3D%3D&scm=1103.plate:
283:0.0.1_1.0" target=_blank title="8月"天象剧场"上新
：看英仙座流星雨">   <img
src="//p8.itc.cn/c_lfill,w_310,h_206,g_face,q_70/images
03/20230731/8ab914b426fa4f62b4cbad3af6340f73.jpe
g" alt="8月"天象剧场"上新：看英仙座流星雨"> <span
class=txt>8月"天象剧场"上新：看英仙座流星雨
</span></a></li> <li class="end"><a data-
param="?_f=index_focus_4"
href="/a/707583654_161795?edtsign=3D1E0DDDE9273E
D1E3A12BA8B57F312B0DC3BE8D&edtcode=ZXZlg
a8TCtoUBnjChyFSEw%3D%3D&scm=1103.plate:28
3:0.0.1_1.0" target=_blank title="充电桩涨价 新能源车告别

低使用成本？">   <img
src="//p4.itc.cn/c_lfill,w_310,h_206,g_face,q_70/images
03/20230731/ffa08029fdab4899a005c849a342124f.png"
alt="充电桩涨价 新能源车告别低使用成本？"> <span
class=txt> 充电桩涨价 新能源车告别低使用成本？
</span></a></li>   <li class=""><a data-
param="?_f=index_focus_5"
href="/a/707568700_362042?edtsign=A37333FABE0A5D
138D6214E5B1EFF67E6F8021F6&edtcode=ZXZlga8T
CtoUBnjChyFSEw%3D%3D&scm=1103.plate:283:0.
0.1_1.0" target=_blank title="货不对板的"清北研学营
"到底谁该负责">   <img
src="//p3.itc.cn/c_lfill,w_310,h_206,g_face,q_70/images
03/20230731/8fe278e1224249bd8fbf211e5575de18.jpe
g" alt="货不对板的"清北研学营"到底谁该负责">
<span class=txt> 货不对板的"清北研学营"到底
谁该负责 </span></a></li>   <li class="end"><a data-
param="?_f=index_focus_6"
href="/a/707491898_161795?edtsign=0D36BB4BEB6DCB
12DFDFFFB73FAB49FBD8B38CF5&edtcode=ZXZlga
8TCtoUBnjChyFSEw%3D%3D&scm=1103.plate:283:
0.0.1_1.0" target=_blank title="风暴中的尼日尔：当地中国
人讲述现状">   <img
src="//p5.itc.cn/c_lfill,w_310,h_206,g_face,q_70/images
03/20230730/c7150d6e711d47a185262bd811a2cb46.jp
eg" alt="风暴中的尼日尔：当地中国人讲述现状"> <span
class=txt> 风暴中的尼日尔：当地中国人讲述现状
</span></a></li>   </ul></div>   <div class=video-
mod><div data-spm="video-group"><div
class=titleL><span class=tt>视频</span></div>   <div
class="video-focus-pic img-do"><a
onclick=burryCode(0) title="猪油被黑几十年，它才是最健
康的食物？" data-param="?_f=index_video_0"
href="https://track.sohu.com/promotion?link=KoEx2kG
WkiGyFykFTgXj0vj2w%252BVD1lCtJiRVDoagqxrmUEeiYh
CN4sS5NdP3ZoVudi%252FasbPFRaRju%252Fjr8nbWWq%

252FSxYLlevXgkryr9kX7kGOTWVDjn8i3nRxG%252FvT2DKt
M71e7j8Moi1%252FhGxHRLrKhcXskqIM%252Blm%252BBJ
AvGl2GYW%252B8%253D&pcm=202.546_1_0.0.0&scm=1103.plate:546:0.0.1_1.0" target=_blank>
<img
src="//p3.itc.cn/c_lfill,w_640,h_320,g_face,q_70/images
03/20230728/40412e9df7274c12b127d1e5886900bc.pn
g" alt="猪油被黑几十年，它才是最健康的食物？"> <span
class="linear-box video-txt"><em class=linear-
bg></em> <em class=txt>猪油被黑几十年，它才是最健康
的食物？</em></span><i class="icon icon-video icon-
video-big"></i></a></div>   <div class="list-link
clear"><ul>   <li><a data-
param="?_f=index_video_1_0">热　门</a><em
class=line>|</em> <a data-
param="?_f=index_video_1_1" onclick='burryCode("1")'
href="https://track.sohu.com/promotion?link=CttB3wA
hkIpXgQmiMyUyeJW22wFHrAb5TRtlNBQGVWkBC38EEb
2MoRvFRjf5cQWr2%252Bl6vwMmROl0eAPao9JrxSHZO6
4RFnzOgAv%252F4BDXAbMvZd0PSfrD7JbGcjd92kg1fBA
laGxdgPAasJ55JR94NemVJlzVDk%252FrYi1Y7cr0NA0%2
53D&pcm=202.546_2_0.0.0&scm=1103.plate:
546:0.0.1_1.0" target=_blank>日常生活中做好2点，掐掉
肠癌苗头</a></li>   <li><a data-
param="?_f=index_video_2_0">推　荐</a><em
class=line>|</em> <a data-
param="?_f=index_video_2_1" onclick='burryCode("2")'
href="https://track.sohu.com/promotion?link=LjFk8oEp2
yqw7HPHuJY%252FZR7L4AndbbkCO5tWAtZxhlra9%252B
jhLjCCWIY6vwcd4hn%252FXGxaAivXt3mgKB%252Fu%25
2BREpWJKmOJ%252BaU0Q3%252FN8hhi5XGZmjXpWabl
KajGffR1BkmQU3AH%252BLfTc0wNXQeRBWKF0488nqhL
PYPo99tCLUhnZt2ss%253D&pcm=202.546_3_0.0.0&scm=1103.plate:546:0.0.1_1.0" target=_blank>吃肉
还是喝汤？3个常见的喝汤误区</a></li>   <li><a data-
param="?_f=index_video_3_0">看　点</a><em
class=line>|</em> <a data-

param="?_f=index_video_3_1" onclick='burryCode("3")' href="https://track.sohu.com/promotion?link=A1CXLaa W5UKOxTfz4vBDL%252Byp2oirh9quNlVawCGypO9JmfP 0JALSxy%252F7nDbXS8zbW2rao4xlSpy4MLICEqhTyQxvpj PMHbZMdXQx4RvlY0C8ThaPm6ZnLlSellWewOMtH3Hrzp Y63d%252FEgWbe9XzUViX4VZq8iwl4ebweawBp%252FB U%253D&pcm=202.546_4_0.0.0&scm=1103.pl ate:546:0.0.1_1.0" target=_blank>患癌人数逐年飙升 5 种 蔬菜最好少吃</a></li>　　</ul></div></div>　<div data- spm="video-group2"><div class="pic-group clearfix"><ul>　<li class=""><a title="这样的你" data- param="?_f=index_tv_0" href="https://track.sohu.com/promotion?link=PICZK7jID UTivRz8m6kYi0QNh1pS2lBcGrlBE0vLWTF3MhPN%252Fcn hlGFsap%252B5a%252FMEQk%252BNc2mleHg13lNDotjP v0pVhhILO2S%252Bvuyd68Ebqu%252B%252BpxoT6hxkH YwJU3tDqSSi6CGyO7dh0Y9vl6gHk5EG%252BLUfJQ%252 FNFvNTD9Qfrl6%252Bazk%253D&pcm=202.547_1_0 .0.0&scm=1103.plate:547:0.0.1_1.0" target=_blank>　　　　<img src="//p4.itc.cn/c_lfill,w_310,h_206,g_face,q_70/images 03/20230726/9c6561325a8d4a479f8c37a244594a80.jpe g" alt="这样的你"> <span class=linear-box><em class=linear-bg></em> <em class=linear-txt> 这样的你 </em></span><i class="icon play-icon"></i></a></li> <li class="end"><a title="风月变" data- param="?_f=index_tv_1" href="https://track.sohu.com/promotion?link=axStYgj3p YN%252BXldy8R4RZgWwBMK30hwYJRftaLLgbvd6LAol7p EdyVx8lHCsilCWGXMwFKL4cZihRlqGo5sth8tXs0%252Fqj whMqxmvklF6BKDBMOhmw0Yz%252FtCurSSGwAxbXCa Y%252FAeClm8wjKRqas7XZ03CF%252BgQQlOlhL%252F Q6Z8XTCl%253D&pcm=202.547_2_0.0.0&scm =1103.plate:547:0.0.1_1.0" target=_blank>　　　　<img src="//p7.itc.cn/c_lfill,w_310,h_206,g_face,q_70/images 03/20230730/59d4f31ce17145dfa349a5436e766c02.jpe g" alt="风月变"> <span class=linear-box><em

class=linear-bg></em> <em class=linear-txt> 风月变
</em></span><i class="icon play-icon"></i></a></li>
</ul></div> <div class="list-link clear"><ul>   <li><a
data-param="?_f=index_tv_2_0"
href="https://tv.sohu.com/drama/?txid=1001033264"
target=_blank> 热   播 </a><em class=line>|</em> <a
data-param="?_f=index_tv_2_1"
href="https://track.sohu.com/promotion?link=QKy%252
FCxLOhkHFQnUqJhHnK0kz0NRKfPjM3Xp3luuC4lW%252F
nKi7hz%252BP1R9wTQXDu2eTMk6JCreglOvNkgdp6taCF
MhluqfEQUNx0zjpxVGtKZ%252FosbiwUnHp0bizrL3fNyky
mN0UhlPLb%252BLyGY4t%252FBAKdLL9pDqComFtPeFie
StT8pY%253D&pcm=202.547_3_0.0.0&scm=1
103.plate:547:0.0.1_1.0" target=_blank>有一种爱 </a>
<a data-param="?_f=index_video__0_2"
href="https://track.sohu.com/promotion?link=AdERdno
2p0ui24l4jlA30llgF%252FGFXFrYZ3FETJ9ugUDoVS0p7CEW
tDFohvK5uqEoqzTlihhrLdXTL8tXACR3MNxaQfg63uREddji
EJCSnl96GaEOAoVbbtH2G9dUvVBTHqW1eNPqfEZmNL
D8%252FV5TBE0HLjE7yHW71Recbg0%252Bhb0%253D&a
mp;pcm=202.547_3_0.0.0&scm=1103.plate:547:0.0
.1_1.0" target=_blank> 谎言 </a> <a data-
param="?_f=index_video__1_3"
href="https://track.sohu.com/promotion?link=PPmOxSc
1uFBYRPm96SBTdfTt9F6xY5NVRtH21NeDy%252BN8%252F
uZjj9f5MmlR6ex8QR8HSxH37rCqDhTUM5qnD1eD%252Be
Wne5kXF%252BdelLfK%252BEiNMoAQjJhlxX8jJaLlb2Odn
5sO1Rl4vL2WY7lQXH%252B3LSsEm%252B9DHVlnp1PSeP
WlK9xii4M%253D&pcm=202.547_3_0.0.0&scm
=1103.plate:547:0.0.1_1.0" target=_blank> 富春山居
</a> <a data-param="?_f=index_video__2_4"
href="https://track.sohu.com/promotion?link=DAgHcTX
2hhUcgj7F5VBYsAFtGtT0hlnlPk4bN7O4x5%252BdUFYyCH
Am4QE7A6QRk0fDHsfHkYdGg71%252Bwt8aw6V1snr0N
qcW7GR%252BXPKkO6UvGJvxbfjlIb7NFtuf33OleVaSGq
BmH4knHcA4cfk0gaBzqY6MfQ6llzCxPNSn8lnfSRs%253D
&pcm=202.547_3_0.0.0&scm=1103.plate:547:

0.0.1_1.0" target=_blank> 父亲草原 </a> </li> <li><a
data-param="?_f=index_tv_3_0"
href="http://tv.sohu.com/self/?txid=1001033268"
target=_blank> 自 制 </a><em class=line>| </em> <a
data-param="?_f=index_tv_3_1"
href="https://track.sohu.com/promotion?link=TUewlpw
6lUwZgQgqNtQC3%252FhNW4OZp0nNqY3mhAjqQJqY
oeCEWcslyxiDPbdDV%252FL4Vm2wlpUIVm78ZsGBl9daZ
T%252BPyqKt1DxxllckZD6vlX9er%252FwGs3KPpZFmVnR
m45Ma3ejzwU2vJZp5vu8H2mkPGOIL95j3Kn4D%252FNw
TKY9RVTY%253D&pcm=202.547_4_0.0.0&scm
=1103.plate:547:0.0.1_1.0" target=_blank>公主病 </a>
<a data-param="?_f=index_video__0_2"
href="https://track.sohu.com/promotion?link=ALdfhq%
252FqDOw6rfs51Jfkfr%252F%252FiNR6U4gEUnDVRM4kQ
dRfNWVqAoXT6aVEGLAorkntAg4mBpfo%252FL3HrvME7
18Y5U%252FSrDxmpWwg9Ff0hHG1QyCfwhCpGbohqZt
GXRaocjln9btxfux12ODnlPM96tbmrb1GY%252BbmdYtt
m1wND5FA6j8%253D&pcm=202.547_4_0.0.0&amp
;scm=1103.plate:547:0.0.1_1.0" target=_blank> 无心法师
</a> <a data-param="?_f=index_video__1_3"
href="https://track.sohu.com/promotion?link=WepUCn
bGjPJtAMBZxtzZrqmfor5OV0s4D7WoMe4ClVTOWq5AQ
mXFvQRoOQWeXmYtW%252ByiPM%252BG1aTHfTqVYG
ajsuNEpCyuXiRd%252BU2%252FJEvlf0%252B9LaWwZ525
dGJf4nd8%252FNVMZFOFMTD5j%252FL2R8gArhiAnkXGF
BnpLMyXLrp4imuBacw%253D&pcm=202.547_4_0.
0.0&scm=1103.plate:547:0.0.1_1.0" target=_blank>
偶然闯入的世界 </a> </li> <li><a data-
param="?_f=index_tv_4_0"
href="http://tv.sohu.com/movie/?txid=1001033272"
target=_blank> 电 影 </a><em class=line>| </em> <a
data-param="?_f=index_tv_4_1"
href="https://track.sohu.com/promotion?link=KTWvE9SZ
QDnZP5gG2JFQlKrrKPvHPE09SaoBeh7ME9Rxyr894rnNUg
dGq%252B%252Fne6zFlpwEkWtVA3YQumw8ZEci61djUq
QzrSdh%252F0kiUlTqBVFvmeKTNOqjvweiwpP3Mj8ycLtsc

7H7CzK44gS7Ts7AlGYTrZ0V6g2gzdT44TSOVDU%253D&pcm=202.547_5_0.0.0&scm=1103.plate:547:0.0.1_1.0" target=_blank>猎艳者 </a> <a data-param="?_f=index_video__0_2" href="https://track.sohu.com/promotion?link=LOk8%252FRBxKbsAtECYBm7ijefp6zRl973YHvIH8SpRdazwhMBkh8oK4M%252FPlmw4lBO79FwLGVWqOh8ndxqHfcPlls2O40f4mZ%252FP4WiGyNbPZd2Q4a%252BC78MOyCL9Mt0SdSYvb3bhVhwGTXCG%252BDthaSw2OblfcxQ4vOgOPakHYHwFqL8%253D&pcm=202.547_5_0.0.0&scm=1103.plate:547:0.0.1_1.0" target=_blank> 唬胆特工 </a> <a data-param="?_f=index_video__1_3" href="https://track.sohu.com/promotion?link=a4jv6Viz6pDDtprhadCMao7LYteh9mMzsSECa8JjPmlnPlFAu27QTSm1xXNRV0OoLPmnp577hC0%252BolSHKAMGc%252FrBQUflHD6VLFf5okhM1EAu69JcjmHVVtRxk9wpU361X2pgRKi6r8bxxbljx7ZQacXGViwzE4TM6i3dpRqnoK8%253D&pcm=202.547_5_0.0.0&scm=1103.plate:547:0.0.1_1.0" target=_blank> 平行宇宙之恋 </a> </li> <li><a data-param="?_f=index_tv_5_0" href="http://tv.sohu.com/comic/?txid=1001033276" target=_blank> 动 漫 </a><em class=line>|</em> <a data-param="?_f=index_tv_5_1" href="https://track.sohu.com/promotion?link=G4GiXl8YX18ysLHP3lvl6J%252BzoOWhF9EGMvKaYJ1D%252BA5baexSPwyrlQ8DocYvr%252BTHRqWboVIVt6%252BHuvSLnjkRVmr6DNph6LeIvQ9kEZUobSl%252B3FjN73Obj9PgrNn6GYh8SWirmRJo7v7GH9Oh8XgYdZ3XNLy6h%252F%252F7Y4%252FU%252Fv1RjpZ0%253D&pcm=202.547_6_0.0.0&scm=1103.plate:547:0.0.1_1.0" target=_blank> 妖怪想害朕 </a> <a data-param="?_f=index_video__0_2" href="https://track.sohu.com/promotion?link=R9%252Fty6F%252FwUZ0H5s0X1Ky4KDXwrQJe%252F8wQVH5oKUa8H%252Fp0FJatPe4oF0xqNh%252BTCkVtK4vMZDLENm5ypptmHp9uluC4MnvI2pRSD%252FLWbA6fUOmQ3CGP2VPmxsy7VMmEB1afg8DqaWz2vPs8WNJRpjCJfdZu8Jwt

U0feqCgpBJ42Rl%253D&pcm=202.547_6_0.0.0&a
mp;scm=1103.plate:547:0.0.1_1.0" target=_blank> 红小
豆日常 </a> <a data-param="?_f=index_video__1_3"
href="https://track.sohu.com/promotion?link=PojwT8JX
d2XKZaVQOOGsGXDoHorm6LusN%252B1s3lat%252FwF
GgNei10nbEgwzMeXwyWQdmqY%252FpzrC2ETFgykTH
USacV3UWXEbKiQ%252Fx3JtAHRc1yArU6ZK25DJrsYKw3
1fudDzrH4bQkcf0gPg0WzDv%252Bxfl2163omcsEcFRc5
Q6gVrzTA%253D&pcm=202.547_6_0.0.0&scm
=1103.plate:547:0.0.1_1.0" target=_blank> 请吃 </a> <a
data-param="?_f=index_video__2_4"
href="https://track.sohu.com/promotion?link=WFZMrK1
RzOzoCL8kqmQFugwjz8ZivUJ5QZ58FOJ68mCGlloVY0F6
FMKYDYdO3S2cXe7h4ADSelojh%252F84g3HFk3N5uU5B
aXY7Qmfs0C8yOFK5JHs3qMwObxMNYbHHBSFzCqBc8P
232djtkMToVEfRwD%252BnXVEv%252Fo8fUaFcnQ86008
%253D&pcm=202.547_6_0.0.0&scm=1103.pla
te:547:0.0.1_1.0" target=_blank> 战鼎 </a> </li>
<li><a data-param="?_f=index_tv_6_0"
href="http://tv.sohu.com/show/?txid=1001033280"
target=_blank> 综 艺 </a><em class=line>| </em> <a
data-param="?_f=index_tv_6_1"
href="https://track.sohu.com/promotion?link=Hiwrwa%
252BYdoqRSrrLwU3a26cXuDVHpv0KlvlrjGUXHuo%252F2l
toWEFoZcHwCZA9NZXS%252F02UaiGvx%252FWwfMnmL
ZnASGPb2H93MibAhHTZT0CqcElSsp4IX3hjiARPhN4bLzKs
7FnKYvEPcapsDiRx2G4kBbC7ne8jJofmtPMO5dQx3cw%
253D&pcm=202.547_7_0.0.0&scm=1103.plat
e:547:0.0.1_1.0" target=_blank>狐厂大拷问 </a> <a
data-param="?_f=index_video__0_2"
href="https://track.sohu.com/promotion?link=DlRurf5xY
RSlqeDSA2Cz86tDfm6lwga3sZxikL8Vl9P2JXVvAoZLB8Aq
4o36Du24zirYUdJ4ojZllmMEhtxQ6CugyTuoRHuVVvdxLC
AVNCEawvZ4b%252Bc5oQkqzKJl9o0FmOgzT4sjOaHgHL
P8z5iQzrWo4Tl7rJZcWDDlNWmrOpg%253D&pcm=
202.547_7_0.0.0&scm=1103.plate:547:0.0.1_1.0"
target=_blank> 金牌调解 </a> <a data-

param="?_f=index_video__1_3"
href="https://track.sohu.com/promotion?link=PYWyIDIA
C%252FTau2vMQLhgkSNhIZEpuK%252BkCWYeFbMdC2E
ePSI%252Fh98JL%252B0BI9zZhiNjtQ1kIpSzedmIM3xkKmiD
QL3d0VR998%252Fsu4DodCZQ%252Fx%252BosoCsS0h%
252FRhUtf2NxHcY7a1vwtMCSItaxXvcCi%252BUbNXgPy1
K7PhpqxrX50Z8PiSA%253D&pcm=202.547_7_0.0.0
&scm=1103.plate:547:0.0.1_1.0" target=_blank> 大
医本草堂 </a> </li> </ul></div> </div> </div>
<script>function burryCode(o){Number(o);var
n=["9635","9636","9637","9638"][o],d="";window.sohuSpm
&&"function"==typeof
window.sohuSpm.getCodes&&(d=window.sohuSpm.g
etCodes().a+"."+window.sohuSpm.getCodes().b+"."+wi
ndow.sohuSpm.getCodes().c),n&&window.sohuSpm&
&"function"==typeof
window.sohuSpm.sendAction&&window.sohuSpm.sen
dAction({acode:n,clickParam:"",spm:d})}</script>
</div><div class="main-right right"> <div class=focus-
news><div class=focus-news-box><div id=entrance><a
class=intoclassic href=http://www.sohu.com/classic
target=_blank><div class=entrance-
button></div></a></div> <ul class=news data-
spm="top-news1">   <li><a
href="/a/707574753_429139?edtsign=C29176F7E9DF007
CBF51FE7C188A6F485555650F&edtcode=ZXZIga8T
CtoUBnjChyFSEw%3D%3D&scm=1103.plate:282:0.
0.1_1.0&ace=B8C65812F0EBFAB033845FA2E543E5F
A45C8A3EA&code=bsalq45a1on" class=titleStyle
data-style="font-weight: bold" data-
param="&_f=index_cpc_0_0" target=_blank title="习近
平八一前夕视察西部战区空军">习近平八一前夕视察西部战
区空军</a> </li>   <li><a
href="/a/707575210_429139?edtsign=AC29569E960EDB
BA2389E0B9C99795E34D73D121&edtcode=ZXZIga
8TCtoUBnjChyFSEw%3D%3D&scm=1103.plate:282:
0.0.1_1.0&ace=788EC37B0DCA4DB4EB3F18872D4

C8093CD3AAF19&code=aftqkykie2g"
class=titleStyle data-style="font-weight: bold" data-
param="&_f=index_cpc_1_0" target=_blank title="习近
平出席成都大运会开幕式">习近平出席成都大运会开幕式
</a> <em class=line-mg> | </em>   <a
href="/a/707574467_429139?edtsign=1439CBD5B4B5108
6E27E508E8807246020D0E93B&edtcode=ZXZlga8T
CtoUBnjChyFSEw%3D%3D&scm=1103.plate:282:0.
0.1_1.0&code=0pzi099xylj" class=titleStyle data-
style="font-weight: bold" data-
param="&_f=index_cpc_0_1" target=_blank title="善始
善终 慎终如始 务求实效">善始善终 慎终如始 务求实效</a>
</li>   <li><a
href="/a/707462212_114731?edtsign=533EB776D0B8F21
E63A0C2EC0338D6C9F70BED57&edtcode=ZXZlga
8TCtoUBnjChyFSEw%3D%3D&scm=1103.plate:282:
0.0.1_1.0&ace=15FC8A9267D54F6320C2B935AC90
D0EEA3C6F0B4&code=txghh0flcse" class=titleStyle
data-style="" data-param="&_f=index_cpc_2_0"
target=_blank title="蓝天绿地秀水">蓝天绿地秀水</a>
<em class=line-mg> | </em>   <a
href="/a/707461993_114731?edtsign=9163DEAA4DCDB
BBB42A15433D3AB07C8CB757F19&edtcode=ZXZl
ga8TCtoUBnjChyFSEw%3D%3D&scm=1103.plate:2
82:0.0.1_1.0&code=418w2larsid" class=titleStyle
data-style="" data-param="&_f=index_cpc_0_1"
target=_blank title="大运观澜">大运观澜</a> <em
class=line-mg> | </em>   <a
href="/a/707508937_267106?edtsign=8B573D90793D573
5333B78700618ED7EBEE70249&edtcode=ZXZlga8T
CtoUBnjChyFSEw%3D%3D&scm=1103.plate:282:0.
0.1_1.0&code=krqa1snnrc" class=titleStyle data-
style="" data-param="&_f=index_cpc_1_2"
target=_blank title="文旅">文旅</a> <em class=line-
mg> | </em>   <a
href="/a/707575644_429139?edtsign=39A17CD0209F5A
FE34AAFAC7CA3C746F2CAC14CA&edtcode=ZXZ

lga8TCtoUBnjChyFSEw%3D%3D&scm=1103.plate:2
82:0.0.1_1.0&code=udwm9f13zk" class=titleStyle
data-style="" data-param="&_f=index_cpc_2_3"
target=_blank title="强军之路">强军之路</a> <em
class=line-mg> | </em>   <a
href="/a/707575732_429139?edtsign=C6B74C39ED2939
600DE47D594EC66575091DF93B&edtcode=ZXZlga
8TCtoUBnjChyFSEw%3D%3D&scm=1103.plate:282:
0.0.1_1.0&code=pas3phghanl" class=titleStyle
data-style="" data-param="&_f=index_cpc_3_4"
target=_blank title="指尖经济">指尖经济</a> </li>
<li><a
href="/a/707535088_429139?edtsign=F4C221C38D841E
136CF95F162CEEDA57300CE0E6&edtcode=ZXZlga
8TCtoUBnjChyFSEw%3D%3D&scm=1103.plate:282:
0.0.1_1.0&ace=96D2C502390E1033D8A4E9490F25
97844535243F&code=i59gocoeh9" class=titleStyle
data-style="" data-param="&_f=index_cpc_3_0"
target=_blank title="未来之城">未来之城</a> <em
class=line-mg> | </em>   <a
href="/a/707494161_162758?edtsign=B35F13E82C66472
1F9BD867573DA48FFA9C28B94&edtcode=ZXZlga8
TCtoUBnjChyFSEw%3D%3D&scm=1103.plate:282:0.
0.1_1.0&code=qsxszl4sxmj" class=titleStyle data-
style="" data-param="&_f=index_cpc_0_1"
target=_blank title="暴雨">暴雨</a> <em class=line-
mg> | </em>   <a
href="/a/707475685_114731?edtsign=B26CB2B061D222
A8042B5A339546986E53DEE652&edtcode=ZXZlga
8TCtoUBnjChyFSEw%3D%3D&scm=1103.plate:282:
0.0.1_1.0&code=h7a5vkna11" class=titleStyle
data-style="" data-param="&_f=index_cpc_1_2"
target=_blank title="正能量">正能量</a> <em
class=line-mg> | </em>   <a
href="/a/707496482_162758?edtsign=9554C33DFA4178
1AC6915456619F747CCEDEECAF&edtcode=ZXZlg
a8TCtoUBnjChyFSEw%3D%3D&scm=1103.plate:28

```
2:0.0.1_1.0&amp;code=3bq5z1dvxig" class=titleStyle
data-style="" data-param="&_f=index_cpc_2_3"
target=_blank title="乡村体育">乡村体育</a> <em
class=line-mg>|</em>        <a
href="/a/707519601_257321?edtsign=5308F5145B862170
48573D9D6F8D4634045C8FED&amp;edtcode=ZXZlga8T
CtoUBnjChyFSEw%3D%3D&amp;scm=1103.plate:282:0.
0.1_1.0&amp;code=e7zpee9ck3s" class=titleStyle data-
style="" data-param="&_f=index_cpc_3_4"
target=_blank title="四川礼物">四川礼物</a> <em
class=line-mg>|</em>        <a
href="/a/707433283_267106?edtsign=BCF142781C3CA2
AA58B0C901C7DFAC5536749690&amp;edtcode=ZXZlg
a8TCtoUBnjChyFSEw%3D%3D&amp;scm=1103.plate:28
2:0.0.1_1.0&amp;code=wlwmg5l8zo" class=titleStyle
data-style="" data-param="&_f=index_cpc_4_5"
target=_blank title="太阳神鸟">太阳神鸟</a>   </li>
<li><a
href="/a/707536205_429139?edtsign=611C58863B4A09B
D644DDEDAB47F0B17E283F2A2&amp;edtcode=ZXZlga
8TCtoUBnjChyFSEw%3D%3D&amp;scm=1103.plate:282:
0.0.1_1.0&amp;ace=C0D7F830FFA0F1AD0A69C97DA74
48A2F32BE1C8A&amp;code=b3lgns5dn1"
class=titleStyle data-style="" data-
param="&_f=index_cpc_4_0" target=_blank title="三星
堆">三星堆</a> <em class=line-mg>|</em>        <a
href="/a/707161040_120664110?edtsign=C8B24641D9F4
47B1670D1382CFD3036A0DB4E8CC&amp;edtcode=ZX
Zlga8TCtoUBnjChyFSEw%3D%3D&amp;scm=1103.plate:
282:0.0.1_1.0&amp;code=ntlu6s0847" class=titleStyle
data-style="" data-param="&_f=index_cpc_0_1"
target=_blank title="硬核城市">硬核城市</a> <em
class=line-mg>|</em>        <a
href="/a/707536129_429139?edtsign=D218B781D96D94
1F9C4AF6A855097B299C1B98B5&amp;edtcode=ZXZlga
8TCtoUBnjChyFSEw%3D%3D&amp;scm=1103.plate:282:
0.0.1_1.0&amp;code=2foykrf43vz" class=titleStyle data-
```

style="" data-param="&_f=index_cpc_1_2" target=_blank title="国道之行">国道之行</a> <em class=line-mg>|</em> <a href="https://track.sohu.com/promotion?link=AhvVwIO Xg1yDtit9ilnunoH7kwYzHWd81T1KAbv9GSTFm4F0sTwCM 1c9qhp2AxQao0o6BPjBvXWvbYlHd5ViymAXyfKw7o%25 2FmuMrZoEAh1XYPTs8UQ%252FK6rgg20kLlYPVNSEflsz8b gZgPw%252B1w4fmmlLaN67Y0MxX0KRbpfxy%252BUeg %253D&pcm=202.282_5_0.0.0&scm=1103.pla te:282:0.0.1_1.0&code=kdhwt0oewm9" class=titleStyle data-style="" data-param="&_f=index_cpc_2_3" target=_blank title="网络精品">网络精品</a> </li> <li><a href="/a/707536424_429139?edtsign=CF9C18117E02AB EF2F0AA37F288EE0B08C29835C&edtcode=ZXZIga 8TCtoUBnjChyFSEw%3D%3D&scm=1103.plate:282: 0.0.1_1.0&ace=714DCAB5792EF6E445B534DDFE23 BF8FD2A9C615&code=sdug48cedgb" class=titleStyle data-style="" data-param="&_f=index_cpc_5_0" target=_blank title="新能源汽车进山上岛">新能源汽车进山上岛</a> <em class=line-mg>|</em> <a href="/a/707399034_162758?edtsign=AC1BCCE9E5FBC 3C4E74F3735A5F309C86367E398&edtcode=ZXZIg a8TCtoUBnjChyFSEw%3D%3D&scm=1103.plate:28 2:0.0.1_1.0&code=0esw3xcgiemg" class=titleStyle data-style="" data-param="&_f=index_cpc_0_1" target=_blank title="暑托班观察">暑托班观察</a> <em class=line-mg>|</em> <a href="/a/707463053_118392?edtsign=7982ED09C20F181 8CD2B1EDEC1E0ED04442AA416&edtcode=ZXZIga 8TCtoUBnjChyFSEw%3D%3D&scm=1103.plate:282: 0.0.1_1.0&code=nahkxfj7t3" class=titleStyle data-style="" data-param="&_f=index_cpc_1_2" target=_blank title="房地产市场">房地产市场</a> <em class=line-mg>|</em> <a href="/a/707536277_429139?edtsign=74744CB8C6FD4F

671C6EA6EB7B52B8DD1397BE52&edtcode=ZXZlga
8TCtoUBnjChyFSEw%3D%3D&scm=1103.plate:282:
0.0.1_1.0&code=qmryw3ww6hl" class=titleStyle
data-style="" data-param="&_f=index_cpc_2_3"
target=_blank title="中国坐标">中国坐标</a> </li>
<li><a
href="/a/707511198_429139?edtsign=FB1C96718153AD
305E32F07BD01514CB4163DF84&edtcode=ZXZlga
8TCtoUBnjChyFSEw%3D%3D&scm=1103.plate:282:
0.0.1_1.0&ace=F9CFE6F81AC2DC077491A2AE491
E35A8EE3EF991&code=j9tnw9el7ej" class=titleStyle
data-style="" data-param="&_f=index_cpc_6_0"
target=_blank title="是体育交流 更是文化交流">是体育交
流 更是文化交流</a> <em class=line-mg>|</em>
<a
href="/a/707463315_118392?edtsign=84DFAB3728632E0
00C92F1CE7AE561B6FA052669&edtcode=ZXZlga8
TCtoUBnjChyFSEw%3D%3D&scm=1103.plate:282:0.
0.1_1.0&code=cqz5saeauis" class=titleStyle data-
style="" data-param="&_f=index_cpc_0_1"
target=_blank title="为青春与梦想喝彩">为青春与梦想喝彩
</a> </li>   <li><a
href="/a/707550846_267106?edtsign=3049B5FE8FF4D94
A742C639D9054F5D3775CDAD4&edtcode=ZXZlg
a8TCtoUBnjChyFSEw%3D%3D&scm=1103.plate:28
2:0.0.1_1.0&ace=90A8B8365C8A5F00A8EE9E0CAB
A398FB5AA82657&code=hctt9e3uyrj"
class=titleStyle data-style="" data-
param="&_f=index_cpc_7_0" target=_blank title="中巴
经济走廊">中巴经济走廊</a> <em class=line-
mg>|</em>   <a
href="/a/707570930_163278?edtsign=E5314511AB6DB20
C4A5BA022BBF0405F40827CFF&edtcode=ZXZlga8
TCtoUBnjChyFSEw%3D%3D&scm=1103.plate:282:0.
0.1_1.0&code=8d7kiazw50l" class=titleStyle data-
style="" data-param="&_f=index_cpc_0_1"
target=_blank title="青春活力">青春活力</a> <em

class=line-mg>|</em>   <a
href="/a/707575665_429139?edtsign=957F6D7FAEC6566
AD090B606CED1C914CFDDDCF2&edtcode=ZXZIg
a8TCtoUBnjChyFSEw%3D%3D&scm=1103.plate:28
2:0.0.1_1.0&code=q6qc7o3kiv" class=titleStyle
data-style="" data-param="&_f=index_cpc_1_2"
target=_blank title="巴蜀">巴蜀</a> <em class=line-
mg>|</em>   <a
href="/a/707575088_162522?edtsign=BD8A3FC16CD239
D525850181CF70CB5A8D2C61DC&edtcode=ZXZI
ga8TCtoUBnjChyFSEw%3D%3D&scm=1103.plate:2
82:0.0.1_1.0&code=wh3lzkjyrzp" class=titleStyle
data-style="" data-param="&_f=index_cpc_2_3"
target=_blank title="体育精神">体育精神</a> <em
class=line-mg>|</em>   <a
href="/a/707575957_429139?edtsign=6171F8ED3CF5B78
11D687450831F7527C5ACC0CE&edtcode=ZXZIga
8TCtoUBnjChyFSEw%3D%3D&scm=1103.plate:282:
0.0.1_1.0&code=jo3v88ff8c" class=titleStyle data-
style="" data-param="&_f=index_cpc_3_4"
target=_blank title="中外青年">中外青年</a> <em
class=line-mg>|</em>   <a
href="/a/707576417_429139?edtsign=A2C75C041B9A07
25FCEE293AED7A1D7A787F8B42&edtcode=ZXZIg
a8TCtoUBnjChyFSEw%3D%3D&scm=1103.plate:28
2:0.0.1_1.0&code=cq6osbjru4d" class=titleStyle
data-style="" data-param="&_f=index_cpc_4_5"
target=_blank title="蓉宝">蓉宝</a> </li>   <li><a
href="/a/707551343_114911?edtsign=40DE6C9BCDCB4
AF1873F32454E4A91A62F3A4951&edtcode=ZXZIg
a8TCtoUBnjChyFSEw%3D%3D&scm=1103.plate:28
2:0.0.1_1.0&ace=927AAE53F6C42814E567ECD722E
F5AE6B3280676&code=4nkwqtzb0d4"
class=titleStyle data-style="" data-
param="&_f=index_cpc_8_0" target=_blank title="美政
坛共识">美政坛共识</a> <em class=line-mg>|</em>
<a

href="/a/707547828_114911?edtsign=8B1D6D43EA2DA8
2E7F9C95E6E3C53816B70DD9E7&edtcode=ZXZlga
8TCtoUBnjChyFSEw%3D%3D&scm=1103.plate:282:
0.0.1_1.0&code=tucur73c85e" class=titleStyle
data-style="" data-param="&_f=index_cpc_0_1"
target=_blank title="西方">西方</a> <em class=line-
mg> | </em>   <a
href="/a/707551260_115239?edtsign=62B06B2724C3707
42ABA54AF54A329EBAD0BEADD&edtcode=ZXZlg
a8TCtoUBnjChyFSEw%3D%3D&scm=1103.plate:28
2:0.0.1_1.0&code=17bwjaepgcl" class=titleStyle
data-style="" data-param="&_f=index_cpc_1_2"
target=_blank title="美国党争">美国党争</a> <em
class=line-mg> | </em>   <a
href="/a/707575524_429139?edtsign=F7CCE322D372B6
ADCBC07C29BD85D894E539F304&edtcode=ZXZlg
a8TCtoUBnjChyFSEw%3D%3D&scm=1103.plate:28
2:0.0.1_1.0&code=o517s8k2mt" class=titleStyle
data-style="" data-param="&_f=index_cpc_2_3"
target=_blank title="加州湾区">加州湾区</a> <em
class=line-mg> | </em>   <a
href="/a/707576007_429139?edtsign=CB1D8F903B03C1
C0002A204385E0743D0B5CFA58&edtcode=ZXZlg
a8TCtoUBnjChyFSEw%3D%3D&scm=1103.plate:28
2:0.0.1_1.0&code=yup2owozcui" class=titleStyle
data-style="" data-param="&_f=index_cpc_3_4"
target=_blank title="韩国东海岸海水浴场">韩国东海岸海水
浴场</a> </li>   <li><a
href="/a/707367579_123753?edtsign=B474D6B1A1B5D3
E76D19E617AB8A4E6436C26843&edtcode=ZXZlga
8TCtoUBnjChyFSEw%3D%3D&scm=1103.plate:282:
0.0.1_1.0&ace=065215C6A5DB305871AEC6C60BD
82035D4D86418&code=8qbg4h911bs"
class=titleStyle data-style="" data-
param="&_f=index_cpc_9_0" target=_blank title="新疆
喀什旅游市场缘何持续火热">新疆喀什旅游市场缘何持续火
热</a> <em class=line-mg> | </em>   <a

href="/a/707151203_123753?edtsign=5DC6E02710E3D9
2590CD19657D9D7D54B676B2E5&edtcode=ZXZIg
a8TCtoUBnjChyFSEw%3D%3D&scm=1103.plate:28
2:0.0.1_1.0&code=wc2o70k1r4" class=titleStyle
data-style="" data-param="&_f=index_cpc_0_1"
target=_blank title="柯尔克孜族英雄史诗《玛纳斯》">柯尔
克孜族英雄史诗《玛纳斯》</a> </li>
</ul><script>for(var
dom=document.querySelectorAll(".titleStyle"),i=0;i<dom
.length;i++)for(var style=dom[i].attributes["data-
style"].value,styleArr=style.split(","),j=0;j<styleArr.length;j+
+){var
name=styleArr[j].split(":")[0],value=styleArr[j].split(":")[1];n
ame&&(name=name.replace("
",")),value&&(value=value.replace("
",")),dom[i].style[name]=value}</script>   <div
data-role=update-pa-0 class="list-mod list-mod-0">
<div class=list16 data-spm="top-news2">   <ul>
<li><a data-param="&_f=index_news_0"
href="/a/707567498_114988?edtsign=A3F2FC948B0C29
941153C46876ACFB595ADE32AD&edtcode=ZXZIg
a8TCtoUBnjChyFSEw%3D%3D&scm=1103.plate:28
0:0.0.1_1.0" target=_blank title="山西通报精诚矿业瞒报 43
死：28 人被抓 16 名公职人员被立案">   <span class=first-
title>山西通报精诚矿业瞒报 43 死：28 人被抓 16 名公职人
员被立案</span> </a></li>   </ul>   <ul>   <li><a
data-param="&_f=index_news_1"
href="/a/707580002_362042?edtsign=E99F629746D7A8E
662F68D310269385D206BF19A&edtcode=ZXZIga8T
CtoUBnjChyFSEw%3D%3D&scm=1103.plate:280:0.
0.1_1.0" target=_blank title="中央气象台：预计本轮北京降
雨时长和雨量均超 "7·21""> 中央气象台：预计本轮北京降
雨时长和雨量均超 "7·21" </a></li> </ul>   <ul>
<li><a data-param="&_f=index_news_2"
href="/a/707570947_121284943?edtsign=99F3E686BBF4F
787D1AD04951A2E15508327C7A1&edtcode=ZXZI
ga8TCtoUBnjChyFSEw%3D%3D&scm=1103.plate:2

80:0.0.1_1.0" target=_blank title=""卡努"最强或达超强台风级 华东下周需严阵以待"> "卡努"最强或达超强台风级 华东下周需严阵以待 </a></li> </ul> <ul> <li><a data-param="&_f=index_news_3" href="/a/707576612_137462?edtsign=229B1E3610A166A3F09D87DA1863E0C0AAEAEE10&edtcode=ZXZlga8TCtoUBnjChyFSEw%3D%3D&scm=1103.plate:280:0.0.1_1.0" target=_blank title="这位国务院副总理 又多了一个新身份"> 这位国务院副总理 又多了一个新身份 </a></li> </ul> <ul> <li><a data-param="&_f=index_news_4" href="/a/707582426_362042?edtsign=0DDF1A54EA71E3CD067EB9C76D1FD7FFC14CA84E&edtcode=ZXZlga8TCtoUBnjChyFSEw%3D%3D&scm=1103.plate:280:0.0.1_1.0" target=_blank title="从中央到地方接连表态 透露了楼市什么信号？"> 从中央到地方接连表态 透露了楼市什么信号？ </a></li> </ul> <ul> <li><a data-param="&_f=index_news_5" href="/a/707574657_121284943?edtsign=A43FBD4ADFFA19A8A3903D17C812FEF6A072C3EC&edtcode=ZXZlga8TCtoUBnjChyFSEw%3D%3D&scm=1103.plate:280:0.0.1_1.0" target=_blank title="夺命之旅！4人未经批准自驾穿越无人区遇难：地表温度 70℃"> 夺命之旅！4人未经批准自驾穿越无人区遇难：地表温度 70℃ </a></li> </ul> </div> <div class=list16 data-spm="top-news3"> <ul> <li><a data-param="&_f=index_news_6" href="/a/707574217_121284943?edtsign=9836CB1E300BCD6631F6C5AFBC15648371FAE11A&edtcode=ZXZlga8TCtoUBnjChyFSEw%3D%3D&scm=1103.plate:280:0.0.1_1.0" target=_blank title="莫斯科市中心大楼遭无人机袭击 发生剧烈爆炸"> <span class=first-title>莫斯科市中心大楼遭无人机袭击 发生剧烈爆炸</span> </a></li> </ul> <ul> <li><a data-param="&_f=index_news_7" href="/a/707583624_121347613?edtsign=52A516188E73A6434A513F5DD9A3314D23DBC17F&edtcode=ZX

ZIga8TCtoUBnjChyFSEw%3D%3D&scm=1103.plate: 280:0.0.1_1.0" target=_blank title="梅德韦杰夫：如果俄罗斯失去领土 将不得不动用核武器"> 梅德韦杰夫：如果俄罗斯失去领土 将不得不动用核武器 </a></li> </ul> <ul> <li><a data-param="&_f=index_news_8" href="/a/707491849_121284943?edtsign=EEF42AF917C1 4444BCC36B2CA755665A0D883567&edtcode=ZXZ lga8TCtoUBnjChyFSEw%3D%3D&scm=1103.plate:2 80:0.0.1_1.0" target=_blank title="全球第二种"末日核武器"？朝鲜阅兵式展出无人核攻击艇"> 全球第二种 "末日核武器"？朝鲜阅兵式展出无人核攻击艇 </a></li> </ul> <ul> <li><a data-param="&_f=index_news_9" href="/a/707587598_162522?edtsign=5EFA271927252F9 475984F3EBA2BA77F85F5C581&edtcode=ZXZlga8T CtoUBnjChyFSEw%3D%3D&scm=1103.plate:280:0. 0.1_1.0" target=_blank title="外媒：泽连斯基表态 称"战争"正来到俄罗斯"> 外媒：泽连斯基表态 称"战争"正来到俄罗斯 </a></li> </ul> <ul> <li><a data-param="&_f=index_news_10" href="/a/707583148_116237?edtsign=197C57F1E85D665 03D7907945B87F020FB6CE862&edtcode=ZXZlga8T CtoUBnjChyFSEw%3D%3D&scm=1103.plate:280:0. 0.1_1.0" target=_blank title="举国震动 哥伦比亚总统儿子涉嫌洗钱和赚取非法收入被捕"> 举国震动 哥伦比亚总统儿子涉嫌洗钱和赚取非法收入被捕 </a></li> </ul> <ul> <li><a data-param="&_f=index_news_11" href="/a/707537829_162522?edtsign=457CFAFFA3A2ED C2CC0F686DAE43E3D205700764&edtcode=ZXZlg a8TCtoUBnjChyFSEw%3D%3D&scm=1103.plate:28 0:0.0.1_1.0" target=_blank title="瑞士冰川融化 37 年前失踪登山者遗体被找到"> 瑞士冰川融化 37 年前失踪登山者遗体被找到 </a></li> </ul> </div> <div class=list16 data-spm="top-news4"> <ul> <li><a data-param="&_f=index_news_12" href="/a/707579270_362042?edtsign=2680B0F8E1D0134

73356B1135EB58BB81626499F&edtcode=ZXZlga8T
CtoUBnjChyFSEw%3D%3D&scm=1103.plate:280:0.
0.1_1.0" target=_blank title="20 金 8 银 12 铜！中国队位列
福冈游泳世锦赛金牌榜第一"> <span class=first-title>20 金
8 银 12 铜！中国队位列福冈游泳世锦赛金牌榜第一</span>
</a></li> </ul> <ul> <li><a data-
param="&_f=index_news_13"
href="/a/707574349_121284943?edtsign=04D03E56E32C
A40C98B4EAE941E2F33D98253F11&edtcode=ZXZl
ga8TCtoUBnjChyFSEw%3D%3D&scm=1103.plate:2
80:0.0.1_1.0" target=_blank title="关照官员儿子文印店 全
县 24 个乡镇 4 年花了 174 万"> 关照官员儿子文印店 全县
24 个乡镇 4 年花了 174 万 </a></li> </ul> <ul>
<li><a data-param="&_f=index_news_14"
href="/a/707491560_162522?edtsign=1A698502C6FA21
C9AFA0AD729D77B4B8FD76F586&edtcode=ZXZlg
a8TCtoUBnjChyFSEw%3D%3D&scm=1103.plate:28
0:0.0.1_1.0" target=_blank title="多辆车在高速被锐物扎爆
轮胎 拖车要六百元"> 多辆车在高速被锐物扎爆轮胎 拖车要
六百元 </a></li> </ul> <ul> <li><a data-
param="&_f=index_news_15"
href="/a/707577247_162758?edtsign=67EEA73CAEB0E7
DF79E6A30D3BCBF70E896D9C91&edtcode=ZXZlg
a8TCtoUBnjChyFSEw%3D%3D&scm=1103.plate:28
0:0.0.1_1.0" target=_blank title="赛场上的浪漫！大运会金
牌得主现场被惊喜求婚"> 赛场上的浪漫！大运会金牌得主现
场被惊喜求婚 </a></li> </ul> <ul> <li><a data-
param="&_f=index_news_16"
href="/a/707589138_121284943?edtsign=DB28E81B4F64
AE53DB44C75CAC1AC04091A8EEFB&edtcode=ZX
Zlga8TCtoUBnjChyFSEw%3D%3D&scm=1103.plate:
280:0.0.1_1.0" target=_blank title="山西男子出门抓蝎子失
踪 10 天后遗体在废弃水井被发现"> <i class="icon icon-
video"></i> 山西男子出门抓蝎子失踪 10 天后遗体在废弃
水井被发现 </a></li> </ul> <ul> <li><a data-
param="&_f=index_news_17"

href="/a/707571822_120914498?edtsign=8121BB800FE42EB052790332F47CA3ADEAFFB970&edtcode=ZXZIga8TCtoUBnjChyFSEw%3D%3D&scm=1103.plate:280:0.0.1_1.0" target=_blank title=""高颜值女逃犯"已被押解回山西 曾在徐州卖凉皮">"高颜值女逃犯"已被押解回山西 曾在徐州卖凉皮 </a></li> </ul> </div> <div class=list16 data-spm="top-news5"> <ul> <li><a data-param="&_f=index_news_18" href="/a/707591948_162522?edtsign=EAA92B7700B86DD14EA3C3D99A740467035AC1B7&edtcode=ZXZIga8TCtoUBnjChyFSEw%3D%3D&scm=1103.plate:280:0.0.1_1.0" target=_blank title="北京京西大悦城外围道路路面塌陷 未造成人员伤亡"> <span class=first-title>北京京西大悦城外围道路路面塌陷 未造成人员伤亡</span> </a></li> </ul> <ul> <li><a data-param="&_f=index_news_19" href="/a/707471255_121284943?edtsign=95491CBE2B6CCD9474DB2FF027BEA4924C9E9EB0&edtcode=ZXZIga8TCtoUBnjChyFSEw%3D%3D&scm=1103.plate:280:0.0.1_1.0" target=_blank title="《罗刹海市》引风波 刀郎经纪人首次发声"> 《罗刹海市》引风波 刀郎经纪人首次发声 </a></li> </ul> <ul> <li><a data-param="&_f=index_news_20" href="/a/707581208_121284943?edtsign=EE0DEF764A995048B56C2269303F2D4FE975F266&edtcode=ZXZIga8TCtoUBnjChyFSEw%3D%3D&scm=1103.plate:280:0.0.1_1.0" target=_blank title="女子抽中 10 克金条因错过叫号被取消资格 商场：已和解"> <i class="icon icon-video"></i> 女子抽中 10 克金条因错过叫号被取消资格 商场：已和解 </a></li> </ul> <ul> <li><a data-param="&_f=index_news_21" href="/a/707567255_121284943?edtsign=DEA114C2131ED97222E607F309B14F0190D70FC1&edtcode=ZXZIga8TCtoUBnjChyFSEw%3D%3D&scm=1103.plate:280:0.0.1_1.0" target=_blank title="李玟追悼会 31 日举行 记者现场直击：附近花店堆满了挽联"> 李玟追悼会 31 日举行

记者现场直击：附近花店堆满了挽联 </a></li> </ul>
<ul>   <li name=textAd class=textAd data-role="TopNews"></li> </ul>   <ul>   <li><a data-param="&_f=index_news_23" href="/a/707512788_362042?edtsign=440D3D8F1602586C4F0CBAA3AB38E0DF001583E4&edtcode=ZXZlga8TCtoUBnjChyFSEw%3D%3D&scm=1103.plate:280:0.0.1_1.0" target=_blank title="吉林男孩落入松花江被好心市民救起 父母下水营救双双溺水"> 吉林男孩落入松花江被好心市民救起 父母下水营救双双溺水 </a></li> </ul>
</div> </div> </div></div> </div></div></div><div class="right sidebar"> <div class="sohu-choice clearfix" id=new-sohu-choice data-role=index-sohu-choice><div class=sohu-city-choice-wrap><div class=wrap-tabs data-spm=choice-nav><div class=tabs-choice id=tabs-city style=display:none></div><div class=tabs-divideline id=tabs-divideline style=display:none></div><a href="https://www.sohu.com/xtopic/TURBd01ERTJNRE13 " target=_blank class=tabs-choice id=tabs-jingxuan><span class=tt></span> <img src="//p4.itc.cn/images01/20220809/669a4945ba13475aab9788165c121928.png " class=tabs-right></a><div data-role=switch-choice class=change-btn data-spm-acode=8071 id=city-choice-switch-choice style=display:none>换一换<i class="icon change-icon icon-rotate"></i></div></div><div class=content data-role=blocks><div class=content-all><div class=content-left id=city-sohu-choice-tabs style=margin-left:0 data-spm=choice><div data-role=blocks-content>
<a href="/xtopic/TURBd09UZzJNall5?scm=1101.topic:16030:110040.0.2.0?_f=index_select_0" title="山西通报矿山瞒报43死：28 人被抓" target=_blank><div class=content-first><div class=image-wrap <img class=base-img src="//p3.itc.cn/c_lfill,w_600,h_164,g_face,q_70/images01/20230707/bdf5578ffa9e4dae9f82724c2da8b699.png

"> </div><div class=img-cover></div><div
class=content-wrap><div class=hotpot></div><div
class=text-box><span>山西通报矿山瞒报 43 死：28 人被
抓</span></div></div></div></a>　　　<div
class=content-other-item><div class=timeBox><div
class=point></div><div class=time>　　4 小时前
</div></div><div class=contentBox><a
href="/xtopic/TURBd09UazVNVEUy?scm=1101.topic:160
30:110040.0.2.0?_f=1" target=_blank
class=shadow><div class=text> 台风 "卡努" 恰逢农历天
文大潮 </div></a></div></div>　　　<div class=content-
other-item><div class=timeBox><div
class=point></div><div class=time>　　4 小时前
</div></div><div class=contentBox><a
href="/xtopic/TURBd09UazVOREV3?scm=1101.topic:160
30:110040.0.9.a2_3X1846?_f=2" target=_blank
class=shadow><div class=text> 中国队位列游泳世锦赛金
牌榜第一 </div></a></div></div>　　　<div
class=content-other-item><div class=timeBox><div
class=point></div><div class=time>　　4 小时前
</div></div><div class=contentBox><a
href="/xtopic/TURBd09UazVNems1?scm=1101.topic:160
30:110040.0.9.a2_3X1846?_f=3" target=_blank
class=shadow><div class=text> 北深广齐表态 楼市调整政
策或落地 </div></a></div></div>　　　<div
class=content-other-item><div class=timeBox><div
class=point></div><div class=time>　　5 小时前
</div></div><div class=contentBox><a
href="/xtopic/TURBd09UazVNemcy?scm=1101.topic:16
030:110040.0.9.a2_3X1846?_f=4" target=_blank
class=shadow><div class=text> 普京：西方 "吸尘器" 般
扫荡粮食 </div></a></div></div>　　　<div
class=content-other-item><div class=timeBox><div
class=point></div><div class=time>　　6 小时前
</div></div><div class=contentBox><a
href="/xtopic/TURBd09UazVNemMz?scm=1101.topic:16

030:110040.0.9.a2_3X1846?_f=5" target=_blank class=shadow><div class=text> 浙江武义致 11 死火灾事故调查报告 </div></a></div></div> <div class=check-more><a class=link-container href="https://www.sohu.com/xtopic/TURBd01ERTJNRE13" target=_blank><span class=text>查看更多</span><span class=arrow-right></span></a></div></div></div><div class=content-right><div id=city-sohu-choice style=width:300px;height:424px;position:relative></div></div></div></div><div class=loading style=display:none><i></i> <span>加载中</span></div></div></div> <div class=godR id=sideAd1></div><div class="hot-article bordR clearfix" data-role=hot-news data-spm=list></div></div></div> <div class="columnAd god-main area clearfix" id=columnAd2></div> <div class="area clearfix public content-yule channel-content" data-role="yule-section"><div class="main left"><div class="title-cut clearfix" data-spm="yule-nav"><ul><li class="ch cur" data-role=nav-tab data-rel=main-panel data-type=main><a href="http://yule.sohu.com/" target=_blank>娱乐</a></li> <li data-type="video" data-role=nav-tab data-rel="video-panel" data-tab-order="1" data-sync="sync"><a href="http://tv.sohu.com" target=_blank> 视频 </a></li> </ul><span class=link><a href="http://soyule.sohu.com/1406?scm=1103.plate:413:0.0.2.0" target=_blank>明星八卦</a> <a href="http://tv.sohu.com/drama/?scm=1103.plate:413:0.0.2.0" target=_blank>电视剧</a> <a href="http://tv.sohu.com/movie/?scm=1103.plate:413:0.0.2.0" target=_blank>电影</a> <a href="http://tv.sohu.com/show/?scm=1103.plate:413:0.0.2.0" target=_blank>综艺</a> <a href="http://soyule.sohu.com/1407?scm=1103.plate:41

3:0.0.2.0" target=_blank>美图</a> <a
href="http://yule.sohu.com/" target=_blank>进入娱乐首
页 ></a></span></div><div><div class="main-box
clearfix yule-news" data-role=main-panel> <div
class="main-left left" data-role=focus data-spm="yule-
pics"><div class=pic-focus> <a data-
param="?_f=index_yulefocus_0_0"
href="/a/707566687_598290?scm=1103.plate:543:0.0.1_
1.0" title=""姐己" 娜然晒随拍 穿粉系套装大秀嫩腰"
target=_blank>   <img data-
src="//p6.itc.cn/c_lfill,w_640,h_426,g_face,q_70/images
03/20230730/bf3046437c69412aa0be08f09ef16340.jpeg
" alt=""姐己" 娜然晒随拍 穿粉系套装大秀嫩腰"
src="//statics.itc.cn/web/static/images/pic/preload.pn
g"> <span class=txt> "姐己" 娜然晒随拍 穿粉系套装大秀
嫩腰 </span></a> </div><div class="pic-group
clearfix"><ul>   <li class=" ">   <a data-
param="?_f=index_yulefocus_0_1"
href="/a/707473563_598290?scm=1103.plate:543:0.0.1_
1.0" title="朱丹周一围带两娃出游" target=_blank><img
data-
src="//p8.itc.cn/c_lfill,w_310,h_206,g_face,q_70/images
03/20230730/bb7d08147cef4cbe9d7d93ebfa54648b.jp
eg"
src="//statics.itc.cn/web/static/images/pic/preload.pn
g" alt="朱丹周一围带两娃出游"> <span class=txt> 朱丹周
一围带两娃出游 </span></a> </li>   <li class="end ">
<a data-param="?_f=index_yulefocus_0_2"
href="/a/707470680_598290?scm=1103.plate:543:0.0.1_
1.0" title="刘浩存白衣配短裙好少女" target=_blank><img
data-
src="//p0.itc.cn/c_lfill,w_310,h_206,g_face,q_70/images
03/20230730/db89db78b59347eca59a6d196cfb4f1f.jpe
g"
src="//statics.itc.cn/web/static/images/pic/preload.pn
g" alt="刘浩存白衣配短裙好少女"> <span class=txt> 刘浩

存白衣配短裙好少女 </span></a> </li>
</ul></div></div> <div class="main-right right" data-role=main-news> <div class=list16 data-spm="yule-news11"><ul> <li> <a data-param="?_f=index_yulenews_0_0_0" href="/a/707469016_114941?scm=1103.plate:544:0.0.1_1.0" target=_blank title="主持人涂磊被举报性侵后获证清白：拨云见日，痛苦谁偿还"> <strong>主持人涂磊被举报性侵后获证清白：拨云见日，痛苦谁偿还</strong> </a> </li> <li> <a data-param="?_f=index_yulenews_0_1_0" href="/a/707441138_100264654?scm=1103.plate:544:0.0.1_1.0" target=_blank title="《向往 7》张子枫彭昱畅发文告别，黄磊一言不发，收官全程回忆杀"> 《向往 7》张子枫彭昱畅发文告别，黄磊一言不发，收官全程回忆杀 </a> </li> <li> <a data-param="?_f=index_yulenews_0_2_0" href="/a/707425972_253355?scm=1103.plate:544:0.0.1_1.0" target=_blank title="李湘王岳伦同晒女儿绘画，二人齐回北京，陪王诗龄共度暑假"> 李湘王岳伦同晒女儿绘画，二人齐回北京，陪王诗龄共度暑假 </a> </li> <li> <a data-param="?_f=index_yulenews_0_3_0" href="/a/707466894_100293205?scm=1103.plate:544:0.0.1_1.0" target=_blank title="汪小菲送儿女回台湾，张兰含泪与孙子孙女告别，小玥儿沉默"> 汪小菲送儿女回台湾，张兰含泪与孙子孙女告别，小玥儿沉默 </a> </li> <li> <a data-param="?_f=index_yulenews_0_4_0" href="/a/707435485_99930840?scm=1103.plate:544:0.0.1_1.0" target=_blank title="网传李玟老公将参与 9 亿遗产分配，Bruce 发声明正面回应"> 网传李玟老公将参与 9 亿遗产分配，Bruce 发声明正面回应 </a> </li> <li> <a data-param="?_f=index_yulenews_0_5_0" href="/a/707547669_471948?scm=1103.plate:544:0.0.1_1.0" target=_blank title="消失的巨星鸟叔：从火遍全球，到韩国之耻，他做错了什么"> 消失的巨星鸟叔：从火遍全球，到韩国之耻，他做错了什么 </a> </li> </ul></div>
<div class=list16 data-spm="yule-news12"><ul> <li>

```
<a data-param="?_f=index_yulenews_0_6_0"
href="/a/707467817_519491?scm=1103.plate:544:0.0.1_
1.0" target=_blank title="突发！周润发跑步摔倒至手掌破裂
，左侧肋骨检查出骨裂"> <strong>突发！周润发跑步摔倒至
手掌破裂，左侧肋骨检查出骨裂</strong> </a> </li>
<li> <a data-param="?_f=index_yulenews_0_7_0"
href="/a/707443289_461884?scm=1103.plate:544:0.0.1_
1.0" target=_blank title="FIRST 电影节：千玺变商业精英，
张颂文是真接地气，周冬雨很难评"> FIRST 电影节：千玺变
商业精英，张颂文是真接地气，周冬雨很难评 </a> </li>
<li> <a data-param="?_f=index_yulenews_0_8_0"
href="/a/707441908_99930840?scm=1103.plate:544:0.0.
1_1.0" target=_blank title="冯小刚徐帆 17 岁养女近照曝光
，端庄大方气质佳，与小时判若两人"> 冯小刚徐帆 17 岁养
女近照曝光，端庄大方气质佳，与小时判若两人 </a> </li>
<li> <a data-param="?_f=index_yulenews_0_9_0"
href="/a/707479647_114941?scm=1103.plate:544:0.0.1_
1.0" target=_blank title="《封神》单日票房 1.6 亿创新高
王宝强《八角笼中》累计破 20 亿"> 《封神》单日票房 1.6
亿创新高 王宝强《八角笼中》累计破 20 亿 </a> </li>
<li> <a data-param="?_f=index_yulenews_0_10_0"
href="/a/707272878_100281851?scm=1103.plate:544:0.0
.1_1.0" target=_blank title="成都大运会台北女旗手出圈，
大量生活照曝光，气质甜美似虞书欣"> 成都大运会台北女旗
手出圈，大量生活照曝光，气质甜美似虞书欣 </a> </li>
<li name=textAd class=textAd data-role="yule"></li>
</ul></div> </div> </div> <div class="main-box
video-group yule-video clearfix" style=display:none
data-role=video-panel data-spm="yule-video"><ul> <li
class=""> <a data-param="?_f=index_yule_1_0"
href="https://track.sohu.com/promotion?link=bHuEjtxc
WDRFuESX8ITLeB2U3bhJdWeFkEYiLWQdnYWvKN5pBsjy1
okqWjWrA4TEkr9qu0lP0TpcPHsL8uysuPoC0moefb%252B
cyW3uRnlqzenQ%252BKRNS4cBw2Rtwz2100QogfRWIC
MEDjda%252FcuVf%252FrGwj7MUnD59BnqJyarEtBdxSg
%253D&amp;pcm=202.545_1_0.0.0&amp;scm=1103.pla
```

116

te:545:0.0.1_1.0" target=_blank><img data-
src="//p6.itc.cn/c_lfill,w_310,h_206,g_face,q_70/images
03/20230730/7c032faea58b49a0b3e02569a833a741.jp
eg"
src="//statics.itc.cn/web/static/images/pic/preload.pn
g" alt="宋祖儿为娱乐化灾难道歉 今后一定谨言慎行">
<span class=linear-box><em class=linear-bg></em>
</span><i class="icon play-icon"></i> <span class=txt>
宋祖儿为娱乐化灾难道歉 今后一定谨言慎行 </span></a>
<span class=des></span></li> <li class=""> <a data-
param="?_f=index_yule_1_1"
href="https://track.sohu.com/promotion?link=TcrU8skG
%252BvQ%252Bur2pSADISRX4eiFgbXyqtSu9C4Wq4104x
4dfkcQTeQTFU6kLPEB0gX4G%252FN3q%252Bm4Lo3iGd
9S1dnOm3d2SDtalGebTZJW8H51Zt4ZXCLaRy%252FaBtX
mP%252BtgXJ42mE8UgbpURJn57ZUcjzQfHL34n1WlkYWi
VQvaflM4%253D&pcm=202.545_2_0.0.0&sc
m=1103.plate:545:0.0.1_1.0" target=_blank><img data-
src="//p1.itc.cn/c_lfill,w_310,h_206,g_face,q_70/images
03/20230730/32aac2ed63914005b87f26df786b7dab.jp
eg"
src="//statics.itc.cn/web/static/images/pic/preload.pn
g" alt="张杰演唱会上表白何炅：我爱你！"> <span
class=linear-box><em class=linear-bg></em>
</span><i class="icon play-icon"></i> <span class=txt>
张杰演唱会上表白何炅：我爱你！ </span></a> <span
class=des></span></li> <li class=""> <a data-
param="?_f=index_yule_1_2"
href="https://track.sohu.com/promotion?link=eLeJboQ
8%252BcetavaeQvt00i3LSjDRou%252FPOY5WoOggSjii0f
hqzAeqa6ppHqzbyPIVEoa5AEDXMGa1EzxVEbJj7Tqxpz
RfV7L4d92n270ayS1h2ILOpCcKV5lbE%252BhXzl6P44FBB
PH31zeLfaLfWC%252BWvk86AebmQYelTEB2AHW%252B
kac%253D&pcm=202.545_3_0.0.0&scm=1103
.plate:545:0.0.1_1.0" target=_blank><img data-
src="//p6.itc.cn/c_lfill,w_310,h_206,g_face,q_70/images
03/20230730/d387f46036424386b3d97155d0233406.jpe

g"
src="//statics.itc.cn/web/static/images/pic/preload.pn
g" alt="可爱甜妹来了！迪丽热巴穿粉裙跳新疆舞"> <span
class=linear-box><em class=linear-bg></em>
</span><i class="icon play-icon"></i> <span class=txt>
可爱甜妹来了！迪丽热巴穿粉裙跳新疆舞 </span></a>
<span class=des></span></li> <li class=""> <a data-
param="?_f=index_yule_1_3"
href="https://track.sohu.com/promotion?link=XGgROh
DNu5%252FJyXb8Uoa%252FGJzghlcb24oXZ6zzzW1Lirww
PyblK%252BRkimeVLhdl%252BTySgrpVTNjaGbXNSE5o%2
52Fl9O75RJCT484SN4e9ifj1aZ5nFoEU%252BiTwyzHTJqs6f
GAeJdbTcNfmNvKaEBtGXnED4BvqEt0k1AkwV44bv8v%
252FaLCg8%253D&pcm=202.545_4_0.0.0&sc
m=1103.plate:545:0.0.1_1.0" target=_blank><img data-
src="//p3.itc.cn/c_lfill,w_310,h_206,g_face,q_70/images
03/20230729/50f348f6e583426ea1b2fc6f6d295393.jpeg"
src="//statics.itc.cn/web/static/images/pic/preload.pn
g" alt="魏大勋穿黑西装 帅得以为孟宴臣来了"> <span
class=linear-box><em class=linear-bg></em>
</span><i class="icon play-icon"></i> <span class=txt>
魏大勋穿黑西装 帅得以为孟宴臣来了 </span></a> <span
class=des></span></li> <li class="end"> <a data-
param="?_f=index_yule_1_4"
href="https://track.sohu.com/promotion?link=AMtfGiD
UgGUMY0X%252F300We1u2h640P5hMh841tq9DFo%252
FmBKCAbWtKuSeR83aR%252F6AUWIllYt6f%252FVVB7sY
NRHoHNcTXGu174jrx7MoFb3DYYoMj%252B3UzC7MpPO
SQvOUEomRKcFT6ye4cMAPTbMxaj6fJFrTffhqE8NOKDWr
l3Lj0cTM%253D&pcm=202.545_5_0.0.0&scm=
1103.plate:545:0.0.1_1.0" target=_blank><img data-
src="//p1.itc.cn/c_lfill,w_310,h_206,g_face,q_70/images
03/20230729/e6bee7401a77498d9d5885079edfba61.jp
eg"
src="//statics.itc.cn/web/static/images/pic/preload.pn
g" alt="吴京带儿子参加电影《巨齿鲨 2》首映礼"> <span
class=linear-box><em class=linear-bg></em>

</span><i class="icon play-icon"></i> <span class=txt>
吴京带儿子参加电影《巨齿鲨 2》首映礼 </span></a>
<span class=des></span></li> <li class=""> <a data-
param="?_f=index_yule_1_5"
href="https://track.sohu.com/promotion?link=Usa2oOk
ViMAyJ5YkYz%252BiNLtPD41MoJYl36ZS97rY5MgYoiEYR0
pSkrg4823PjaHOQMRneyPMpgNweTLjWr1xaoW7V4pjlW
nF7VNgL5quBDBTrbhX6Kj3cDw%252BMhza3uiXY%252Fj1
nWhXAvzSvoDTVcKspJeskjLylAWN2hC9Bzm0R3M%253D
&pcm=202.545_6_0.0.0&scm=1103.plate:545:
0.0.1_1.0" target=_blank><img data-
src="//p6.itc.cn/c_lfill,w_310,h_206,g_face,q_70/images
03/20230729/e13c0d8971cd417ab8ac484cdf8e6c3c.jp
eg"
src="//statics.itc.cn/web/static/images/pic/preload.pn
g" alt="吴彦姝屈楚萧同框打篮球 奶奶身手敏捷"> <span
class=linear-box><em class=linear-bg></em>
</span><i class="icon play-icon"></i> <span class=txt>
吴彦姝屈楚萧同框打篮球 奶奶身手敏捷 </span></a>
<span class=des></span></li> <li class=""> <a data-
param="?_f=index_yule_1_6"
href="https://track.sohu.com/promotion?link=cOOr%25
2FhJg8fCktR7tqQ6BV7owx7RhNdYLvUCXHdk2U9J9WLzT
4L8kzZ%252B2lKgPMlXM2FqHRrDQKfsdMUH143hLmqHT%
252F6l7zAN5n%252FcyZWuj%252FW9YX4deEP1LXvHTS3L
qHVHQuPA7doSdOvSxZa3iNsRqLy%252BgzzEgXndAp4x
Su89VsbE%253D&pcm=202.545_7_0.0.0&scm
=1103.plate:545:0.0.1_1.0" target=_blank><img data-
src="//p6.itc.cn/c_lfill,w_310,h_206,g_face,q_70/images
03/20230729/072cb5f1b2a148d08fb62db5f63293bf.png
"
src="//statics.itc.cn/web/static/images/pic/preload.pn
g" alt="易烊千玺光影意境感大片 蓝色绅士西装"> <span
class=linear-box><em class=linear-bg></em>
</span><i class="icon play-icon"></i> <span class=txt>
易烊千玺光影意境感大片 蓝色绅士西装 </span></a>
<span class=des></span></li> <li class=""> <a data-

param="?_f=index_yule_1_7"
href="https://track.sohu.com/promotion?link=VD8oP5u
T9wyr%252FjciS2yv%252FvJG24GVs0oGP5s%252B1f9O2
dGHRRhzltqRmikuSHtF8cV2BWS6OSaZuZsQKeWZ4Yeum
5EXwdQkxPD%252BTFHiKDd1yv2N9ee04sXclX%252BiXcz
yJXVFY7ixXOnSKeyZ0kJmBw5kWP75HEJaeErgVUdxDl7Ek
Js%253D&pcm=202.545_8_0.0.0&scm=1103.p
late:545:0.0.1_1.0" target=_blank><img data-
src="//p0.itc.cn/c_lfill,w_310,h_206,g_face,q_70/images
03/20230729/00b4b01b6a4747e5b500dbc484f0d1b3.p
ng"
src="//statics.itc.cn/web/static/images/pic/preload.pn
g" alt="任嘉伦绿色西装配珠宝时尚帅气"> <span
class=linear-box><em class=linear-bg></em>
</span><i class="icon play-icon"></i> <span class=txt>
任嘉伦绿色西装配珠宝时尚帅气 </span></a> <span
class=des></span></li> <li class=""> <a data-
param="?_f=index_yule_1_8"
href="https://track.sohu.com/promotion?link=Yf0jY8rqW
E49YZioZXJobVCfrOgW%252BjE346JpOshacMwZ7zMIG
phn1mjFh2oroiizPgYXyZrhfznWn5lOBpW1gTDYAbq9vkp7
YtYgqyYceeYClYOfoKsyw%252FD%252Fx%252FbnSbnoF
Rfy0C6lC1NRdYw4rSAq1LqR7v64QQGSUl1wzCz4lag%25
3D&pcm=202.545_9_0.0.0&scm=1103.plate:5
45:0.0.1_1.0" target=_blank><img data-
src="//p4.itc.cn/c_lfill,w_310,h_206,g_face,q_70/images
03/20230728/a5b3ba9ed1424be89c484aa822fd7d7e.jp
eg"
src="//statics.itc.cn/web/static/images/pic/preload.pn
g" alt="龚俊自认"卷王" 夸热巴平易近人又搞笑"> <span
class=linear-box><em class=linear-bg></em>
</span><i class="icon play-icon"></i> <span class=txt>
龚俊自认"卷王" 夸热巴平易近人又搞笑 </span></a>
<span class=des></span></li> <li class="end"> <a
data-param="?_f=index_yule_1_9"
href="https://track.sohu.com/promotion?link=DGNDVo
gx20WoGEga%252ByDyJLxCvaDancQbAKKS3j2R8aUp

dUmO8N6pbB5xG8arHe%252Fc9uBKW0qdse0Zi1zKGFW
uvsnvmKhF9DlakxkG3rj1PE8xcV7jbjOrHop2vkclDqP66w
2liolpJRJVh1QU1jmhD6oQ7LEPJElOMVDLgdqyAMA%25
3D&pcm=202.545_10_0.0.0&scm=1103.plate:
545:0.0.1_1.0" target=_blank><img data-
src="//p4.itc.cn/c_lfill,w_310,h_206,g_face,q_70/images
03/20230728/968938c756d649b3af7f3786c82af15e.jpeg
"
src="//statics.itc.cn/web/static/images/pic/preload.pn
g" alt="女子疑丈夫出轨苦无证据 男方拒绝检查手机">
<span class=linear-box><em class=linear-bg></em>
</span><i class="icon play-icon"></i> <span class=txt>
女子疑丈夫出轨苦无证据 男方拒绝检查手机 </span></a>
<span class=des></span></li> </ul></div>
</div></div><div class="sidebar right"> <div
class="yule-play clearfix bordR" data-role=yule-pay
data-spm=yule-list><div class=titleR><span class=tt><a
href=http://tv.sohu.com/yule/ target=_blank>娱乐播报
</a></span></div><div class=yule-scroll><div
class=yule-scroll-cont data-role=wrapper>   <div
class=pic-group><ul> <li class=""><a
href="https://track.sohu.com/promotion?link=IKm7BJoS
2N5Va2PAquL25xsXn0lq%252FEibRbwlg6mJFOBHIEwiW1
lMIC0BCzm4HsZEcmvdXeUPd7JM6DBIz%252FWf02KxYd
gxsPihP8mfYHs1lvaOLssEsGa6E9tuPxZtEQP38rrnOxAySu
dxxeLpsz3WqFhjaLlgSPiNUQM%252BuXWT2WI%253D&a
mp;pcm=202.564_1_0.0.0&scm=1103.plate:564:0.0
.1_1.0" target=_blank><img data-
src="//p4.itc.cn/c_lfill,w_260,h_172,g_face,q_70/images
03/20230730/0c42180b7d784e12b7bc7d39363abb7d.p
ng"
src="//statics.itc.cn/web/static/images/pic/preload.pn
g" alt="周润发跑步意外摔倒 肋骨骨裂需静养"> <span
class=linear-box><em class=linear-bg></em>
</span><i class="icon play-icon"></i> <span class=txt>
周润发跑步意外摔倒 肋骨骨裂需静养 </span></a></li>
<li class="end"><a

href="https://track.sohu.com/promotion?link=UGw9fJW
RybucHFRwL%252FVOQEzWhLGblkv6rwiVAN38BK%252B
rQfh7UG41x1ULbY9LbDMBXtkdLDZYDrfM8vr%252FLZaxa
pJzjlaOc4AioLEXhtV8cibfzwlcMgFiPK69iVbOS9PimSv1la
Va9dF%252BgULIKrbpPzbBEGEPhDhKw7f02EoN8%252FY
%253D&pcm=202.564_2_0.0.0&scm=1103.pla
te:564:0.0.1_1.0" target=_blank><img data-
src="//p5.itc.cn/c_lfill,w_260,h_172,g_face,q_70/images
03/20230730/70b80ed93f8547ed8cc9ee29658e85a1.pn
g"
src="//statics.itc.cn/web/static/images/pic/preload.pn
g" alt="警方通报涂磊性侵不实！涂磊发声"> <span
class=linear-box><em class=linear-bg></em>
</span><i class="icon play-icon"></i> <span class=txt>
警方通报涂磊性侵不实！涂磊发声 </span></a></li>
</ul></div>   <div class=pic-group><ul> <li class=""><a
href="https://track.sohu.com/promotion?link=CxG7XC
VRHQsr9hkQOORpUEdN5HCKVfM1oDiDd6WNOvMJx3
MTblbS6X6UrGbu75PLHljz1YlytjwQZJ%252B5yB%252BX4q
bFGGQgrV3MsxOyWQCXM7LEc7RfW%252FCq8ctBRW
dZcUODtm6%252FO13HkHApfm6azJ4cDVNqFyPH7ysh
OekmP1GUoB4%253D&pcm=202.564_3_0.0.0&am
p;scm=1103.plate:564:0.0.1_1.0" target=_blank><img
data-
src="//p6.itc.cn/c_lfill,w_260,h_172,g_face,q_70/images
03/20230730/68f9388e55d34a7e89f8f6a586c5116c.png"
src="//statics.itc.cn/web/static/images/pic/preload.pn
g" alt="孙怡与董子健离婚1年首同框 一家三口逛街">
<span class=linear-box><em class=linear-bg></em>
</span><i class="icon play-icon"></i> <span class=txt>
孙怡与董子健离婚1年首同框 一家三口逛街
</span></a></li> <li class="end"><a
href="https://track.sohu.com/promotion?link=Dw1Et4m
JFcmbXWsRXDSWO7iXz4KAjGq9zYAT0te0UaloKeksF46Y
alp%252FHukBND2%252B26dYOaLLNf40Xi2gksC%252F37
j%252FGzcBnzfCc4fR0nVM9C3HR6gCn3kkDv90hBV4WR
A2qU4M7rD4XcrnaU%252Foetwd2MVb5TOT1GeS%252B

IMQAPuMLI4%253D&pcm=202.564_4_0.0.0&s
cm=1103.plate:564:0.0.1_1.0" target=_blank><img
data-
src="//p2.itc.cn/c_lfill,w_260,h_172,g_face,q_70/images
03/20230730/1b88bfa3df174584898a7e2b0691ad7f.pn
g"
src="//statics.itc.cn/web/static/images/pic/preload.pn
g" alt="陈赫带老婆去演唱会 张子萱状态超好"> <span
class=linear-box><em class=linear-bg></em>
</span><i class="icon play-icon"></i> <span class=txt>
陈赫带老婆去演唱会 张子萱状态超好 </span></a></li>
</ul></div>   </div></div><div class=scroll-auto><ul>
<li class="cur" data-role=bullet data-id="0"></li>   <li
class="" data-role=bullet data-id="1"></li>
</ul></div></div>   <div class=godR data-role=godR
id="sideAd2"></div> </div></div>   <div class="area
clearfix public content-sports channel-content" data-
role="sports-section"><div class="main left"><div
class="title-cut clearfix" data-spm="sports-nav"><ul><li
class="ch cur" data-role=nav-tab data-rel=main-panel
data-type=main><a href="https://sports.sohu.com/"
target=_blank>体育</a></li> <li data-type="video"
data-role=nav-tab data-rel="video-panel" data-tab-
order="1" data-sync="sync"><a
href="https://tv.sohu.com/sports/" target=_blank> 体育
视频 </a></li> </ul><span class=link> <a
href="https://sports.sohu.com/s/nba?scm=1103.plate:4
14:0.0.2.0" target=_blank>NBA</a> <a
href="https://sports.sohu.com/s/cba?scm=1103.plate:4
14:0.0.2.0" target=_blank>CBA</a> <a
href="https://sports.sohu.com/s/cnmenfootball?scm=1
103.plate:414:0.0.2.0" target=_blank>国足</a> <a
href="https://sports.sohu.com/s/csl?scm=1103.plate:414
:0.0.2.0" target=_blank>中超</a> <a
href="https://sports.sohu.com/s/premierleague?scm=1
103.plate:414:0.0.2.0" target=_blank>英超</a> <a
href="https://sports.sohu.com/s/laliga?scm=1103.plate:

414:0.0.2.0" target=_blank>西甲</a> <a
href="https://sports.sohu.com/s/ligue1?scm=1103.plate:
414:0.0.2.0" target=_blank>法甲</a> <a
href="https://sports.sohu.com/s/uefacl?scm=1103.plate
:414:0.0.2.0" target=_blank>欧冠</a> <a
href="https://sports.sohu.com/" target=_blank>进入体育
首页 ></a></span></div><div><div class="main-box
clearfix sports-news" data-role=main-panel> <div
class="main-left left" data-role=focus data-spm="sports-
pics"><div class=pic-focus> <a data-
param="?_f=index_sportsfocus_0_0"
href="//www.sohu.com/a/707584051_114977?scm=110
3.plate:517:0.0.1_1.0" title="游泳世锦赛落幕！中国队 20 金
位列金牌榜第一" target=_blank> <img data-
src="//p7.itc.cn/c_lfill,w_640,h_426,g_face,q_70/images
03/20230730/dab14efe7120488ca5bdde305f85ad98.jp
eg" alt="游泳世锦赛落幕！中国队 20 金位列金牌榜第一"
src="//statics.itc.cn/web/static/images/pic/preload.pn
g"> <span class=txt> 游泳世锦赛落幕！中国队 20 金位列
金牌榜第一 </span></a> </div><div class="pic-group
clearfix"><ul> <li class=" "> <a data-
param="?_f=index_sportsfocus_0_1"
href="//www.sohu.com/a/707574841_463728?scm=110
3.plate:517:0.0.1_1.0" title="中超-泰山 VS 国安 马宁向费莱
尼解释判罚" target=_blank><img data-
src="//p9.itc.cn/c_lfill,w_310,h_206,g_face,q_70/images
03/20230730/10e5c8772952490089f2680241dd8c3a.jpe
g"
src="//statics.itc.cn/web/static/images/pic/preload.pn
g" alt="中超-泰山 VS 国安 马宁向费莱尼解释判罚"> <span
class=txt> 中超-泰山 VS 国安 马宁向费莱尼解释判罚
</span></a> </li> <li class="end "> <a data-
param="?_f=index_sportsfocus_0_2"
href="//www.sohu.com/a/707487797_362070?scm=110
3.plate:517:0.0.1_1.0" title="个人照片被拿去搞相亲 孙悦前
妻陈露发文" target=_blank><img data-

src="//p8.itc.cn/c_lfill,w_310,h_206,g_face,q_70/images03/20230730/d6ec3df1b23f45dd99ccc2344fa33404.jpeg"
src="//statics.itc.cn/web/static/images/pic/preload.png" alt="个人照片 被拿去搞相亲 孙悦前妻陈露发文"> <span class=txt> 个人照片 被拿去搞相亲 孙悦前妻陈露发文 </span></a> </li> </ul></div></div> <div class="main-right right" data-role=main-news> <div class=list16 data-spm="sports-news11"><ul> <li> <a data-param="?_f=index_sportsnews_0_0_0" href="//www.sohu.com/a/707579413_463728?scm=1103.plate:518:0.0.1_1.0" target=_blank title="血洗！费莱尼费南多破门 泰山 3-0 完胜国安"> <strong>血洗！费莱尼费南多破门 泰山 3-0 完胜国安</strong> </a> </li> <li> <a data-param="?_f=index_sportsnews_0_1_0" href="//www.sohu.com/a/707576008_114977?scm=1103.plate:518:0.0.1_1.0" target=_blank title="创造历史！中国男子 4x100 混接世锦赛摘银 覃海洋四金一银"> 创造历史！中国男子 4x100 混接世锦赛摘银 覃海洋四金一银 </a> </li> <li> <a data-param="?_f=index_sportsnews_0_2_0" href="//www.sohu.com/a/707582585_114977?scm=1103.plate:518:0.0.1_1.0" target=_blank title="中国游泳军团 13 次创纪录登顶金牌榜 覃海洋陈芋汐加冕 MVP"> 中国游泳军团 13 次创纪录登顶金牌榜 覃海洋陈芋汐加冕 MVP </a> </li> <li> <a data-param="?_f=index_sportsnews_0_3_0" href="//www.sohu.com/a/707429359_463728?scm=1103.plate:518:0.0.1_1.0" target=_blank title="锁定冠军？海港 11 分优势领跑中超 泰山暂列第四"> 锁定冠军？海港 11 分优势领跑中超 泰山暂列第四 </a> </li> <li> <a data-param="?_f=index_sportsnews_0_4_0" href="//www.sohu.com/a/707579476_463728?scm=1103.plate:518:0.0.1_1.0" target=_blank title="国安 0-3 惨败！王刚：我对我还有全队的表现感到耻辱"> 国安 0-3 惨败！王刚：我对我还有全队的表现感到耻辱 </a> </li> <li>

\<a data-param="?_f=index_sportsnews_0_5_0"
href="//www.sohu.com/a/707576910_461392?scm=110
3.plate:518:0.0.1_1.0" target=_blank title="18 岁哥伦比亚
天才少女闪耀世界杯 3 年前确诊卵巢癌"> 18 岁哥伦比亚天
才少女闪耀世界杯 3 年前确诊卵巢癌 \</a> \</li>
\</ul>\</div> \<div class=list16 data-spm="sports-
news12">\<ul> \<li> \<a data-
param="?_f=index_sportsnews_0_6_0"
href="//www.sohu.com/a/707587058_114977?scm=110
3.plate:518:0.0.1_1.0" target=_blank title="F1 比利时站-维
斯塔潘 P6 起步豪取 8 连胜 乐扣登领奖台"> \F1 比
利时站-维斯塔潘 P6 起步豪取 8 连胜 乐扣登领奖台
\ \</a> \</li> \<li> \<a data-
param="?_f=index_sportsnews_0_7_0"
href="//www.sohu.com/a/707581507_463728?scm=110
3.plate:518:0.0.1_1.0" target=_blank title="国安表现令人
绝望！换了教练和外援后依旧不行"> 国安表现令人绝望！换
了教练和外援后依旧不行 \</a> \</li> \<li> \<a data-
param="?_f=index_sportsnews_0_8_0"
href="//www.sohu.com/a/707579370_461392?scm=110
3.plate:518:0.0.1_1.0" target=_blank title="热身赛-德佩建
功卡拉斯科一条龙破门 曼城 1-2 马竞"> 热身赛-德佩建功卡
拉斯科一条龙破门 曼城 1-2 马竞 \</a> \</li> \<li> \<a
data-param="?_f=index_sportsnews_0_9_0"
href="//www.sohu.com/a/707579442_461606?scm=110
3.plate:518:0.0.1_1.0" target=_blank title="张宁 9 分邹阳
15+8 中国大运男篮不敌立陶宛无缘 8 强"> 张宁 9 分邹阳
15+8 中国大运男篮不敌立陶宛无缘 8 强 \</a> \</li> \<li>
\<a data-param="?_f=index_sportsnews_0_10_0"
href="//www.sohu.com/a/707566780_461392?scm=110
3.plate:518:0.0.1_1.0" target=_blank title="热身赛-努涅斯
破门萨拉赫两助攻 利物浦 4-0 莱斯特城"> 热身赛-努涅斯破
门萨拉赫两助攻 利物浦 4-0 莱斯特城 \</a> \</li> \<li
name=textAd class=textAd data-role="sports">\</li>
\</ul>\</div> \</div> \</div> \<div class="main-box
video-group sports-video clearfix" style=display:none

data-role=video-panel data-spm="sports-video"><ul>
<li class=""> <a data-param="?_f=index_sports_1_0"
href="/a/707467565_114977?scm=1102.xchannel:7180:1
10036.0.2.a2_5X151X977" target=_blank><img data-
src="http://e3f49eaa46b57.cdn.sohucs.com/c_pad,w_
600,h_400,blur_80/sscs/2023/7/30/7/6/6_189b7e99a6cg
41SysCutcloudSrcimag_466316799_7_1b.jpg"
src="//statics.itc.cn/web/static/images/pic/preload.pn
g" alt="游泳世锦赛：覃海洋收获个人第四金"> <span
class=linear-box><em class=linear-bg></em>
</span><i class="icon play-icon"></i> <span class=txt>
游泳世锦赛：覃海洋收获个人第四金 </span></a> <span
class=des></span></li> <li class=""> <a data-
param="?_f=index_sports_1_1"
href="/a/707467571_114977?scm=1102.xchannel:7180:1
10036.0.2.a2_5X151X977" target=_blank><img data-
src="http://e3f49eaa46b57.cdn.sohucs.com/c_pad,w_
600,h_400,blur_80/sscs/2023/7/30/7/7/6_189b7ea80f9g4
1SysCutcloudSrcimag_466317317_7_3b.jpg"
src="//statics.itc.cn/web/static/images/pic/preload.pn
g" alt="张之臻晋级汉堡站男单四强"> <span class=linear-
box><em class=linear-bg></em> </span><i class="icon
play-icon"></i> <span class=txt> 张之臻晋级汉堡站男单
四强 </span></a> <span class=des></span></li> <li
class=""> <a data-param="?_f=index_sports_1_2"
href="/a/707467187_114977?scm=1102.xchannel:7180:1
10036.0.2.a2_5X151X977" target=_blank><img data-
src="http://e3f49eaa46b57.cdn.sohucs.com/c_pad,w_
600,h_400,blur_80/sscs/2023/7/30/7/6/6_189b7ea2c55g
41SysCutcloudSrcimag_466317123_7_1b.jpg"
src="//statics.itc.cn/web/static/images/pic/preload.pn
g" alt="为国争光 历城二中女足拼出世界冠军"> <span
class=linear-box><em class=linear-bg></em>
</span><i class="icon play-icon"></i> <span class=txt>
为国争光 历城二中女足拼出世界冠军 </span></a> <span
class=des></span></li> <li class=""> <a data-
param="?_f=index_sports_1_3"

href="/a/707260677_114977?scm=1102.xchannel:7180:1
10036.0.2.a2_5X151X977" target=_blank><img data-src="http://e3f49eaa46b57.cdn.sohucs.com/c_pad,w_600,h_400,blur_80/sscs/2023/7/29/8/29/6_189b30f81b5g
41SysCutcloudSrcimag_466093533_7_4b.jpg"
src="//statics.itc.cn/web/static/images/pic/preload.png" alt="世界游泳锦标赛：女子4x200米自由泳接力中国队摘铜"> <span class=linear-box><em class=linear-bg></em> </span><i class="icon play-icon"></i> <span class=txt> 世界游泳锦标赛：女子4x200米自由泳接...
</span></a> <span class=des></span></li> <li
class="end"> <a data-param="?_f=index_sports_1_4"
href="/a/707467183_114977?scm=1102.xchannel:7180:1
10036.0.2.a2_5X151X977" target=_blank><img data-src="http://e3f49eaa46b57.cdn.sohucs.com/c_pad,w_600,h_400,blur_80/sscs/2023/7/30/7/6/6_189b8029bbag
128SysCutcloudSrcimag_466316891_7_0b.jpg"
src="//statics.itc.cn/web/static/images/pic/preload.png" alt="历城二中女足主教练姚波：希望更多人关注青少年足球"> <span class=linear-box><em class=linear-bg></em> </span><i class="icon play-icon"></i> <span class=txt> 历城二中女足主教练姚波：希望更多人关注青...
</span></a> <span class=des></span></li> <li
class=""> <a data-param="?_f=index_sports_1_5"
href="/a/707467490_114977?scm=1102.xchannel:7180:1
10036.0.2.a2_5X151X977" target=_blank><img data-src="http://e3f49eaa46b57.cdn.sohucs.com/c_pad,w_600,h_400,blur_80/sscs/2023/7/30/7/8/6_189b7eb47a9g
41SysCutcloudSrcimag_466317405_7_4b.jpg"
src="//statics.itc.cn/web/static/images/pic/preload.png" alt="电动赛车创造最高室内车速吉尼斯纪录"> <span class=linear-box><em class=linear-bg></em>
</span><i class="icon play-icon"></i> <span class=txt>
电动赛车创造最高室内车速吉尼斯纪录 </span></a>
<span class=des></span></li> <li class=""> <a data-param="?_f=index_sports_1_6"
href="/a/707517216_114977?scm=1102.xchannel:7180:1

10036.0.2.a2_5X151X977" target=_blank><img data-src="http://e3f49eaa46b57.cdn.sohucs.com/c_pad,w_600,h_400,blur_80/sscs/2023/7/30/13/16/6_189b93c4d04g41SysCutcloudSrcimag_466395947_7_4b.jpg" src="//statics.itc.cn/web/static/images/pic/preload.png" alt="这样的比赛你见过吗？难道车轮比脚好用？"> <span class=linear-box><em class=linear-bg></em></span><i class="icon play-icon"></i> <span class=txt>这样的比赛你见过吗？难道车轮比脚好用？ </span></a> <span class=des></span></li> <li class=""> <a data-param="?_f=index_sports_1_7" href="/a/707445426_114977?scm=1102.xchannel:7180:110036.0.2.a2_5X151X977" target=_blank><img data-src="http://e3f49eaa46b57.cdn.sohucs.com/c_pad,w_600,h_400,blur_80/2023/7/29/15/46/MTAwMTA2XzE2OTA2MTY3Njg3ODA=.jpeg" src="//statics.itc.cn/web/static/images/pic/preload.png" alt="超燃村 BA 地道贵州味儿！直播回放"> <span class=linear-box><em class=linear-bg></em></span><i class="icon play-icon"></i> <span class=txt>超燃村 BA 地道贵州味儿！直播回放 </span></a> <span class=des></span></li> <li class=""> <a data-param="?_f=index_sports_1_8" href="/a/707261013_114977?scm=1102.xchannel:7180:110036.0.2.a2_5X151X977" target=_blank><img data-src="http://e3f49eaa46b57.cdn.sohucs.com/c_pad,w_600,h_400,blur_80/sscs/2023/7/29/9/0/6_189b3290ff0g128SysCutcloudSrcimag_466093517_7_0b.jpg" src="//statics.itc.cn/web/static/images/pic/preload.png" alt="后程发力 潘展乐获 100 米自由泳第四名"> <span class=linear-box><em class=linear-bg></em></span><i class="icon play-icon"></i> <span class=txt>后程发力 潘展乐获 100 米自由泳第四名 </span></a> <span class=des></span></li> <li class="end"> <a data-param="?_f=index_sports_1_9" href="/a/707467480_114977?scm=1102.xchannel:7180:110036.0.2.a2_5X151X977" target=_blank><img data-

src="http://e3f49eaa46b57.cdn.sohucs.com/c_pad,w_600,h_400,blur_80/sscs/2023/7/30/7/6/6_189b8033d43g128SysCutcloudSrcimag_466317116_7_3b.jpg" src="//statics.itc.cn/web/static/images/pic/preload.png" alt="跆拳道小将 擂台比拼展风采"> <span class=linear-box><em class=linear-bg></em> </span><i class="icon play-icon"></i> <span class=txt> 跆拳道小将 擂台比拼展风采 </span></a> <span class=des></span></li> </ul></div> </div></div><div class="sidebar right"> <div class="clear plugin plugin-side-right" data-widget-id="sports_index_component_1" style=display:block;overflow:visible></div> </div></div> <div class="god-wrapper area clearfix"><div class="columnAd god-main" data-role=god_column id=columnAd3></div></div> <div class="area clearfix public content-business channel-content" data-role="business-section"><div class="main left"><div class=title-cut data-spm="business-nav"><ul><li class=cur data-role=nav-tab data-rel=main-panel data-type=main><a href="http://business.sohu.com" target=_blank>财经 </a></li> <li data-type="sub" data-role=nav-tab data-rel="994-panel" data-id="994" data-tab-order="1" data-sync="async"><a href="http://business.sohu.com/994" target=_blank>宏观</a></li> <li data-type="sub" data-role=nav-tab data-rel="998-panel" data-id="998" data-tab-order="2" data-sync="async"><a href="http://business.sohu.com/998" target=_blank>理财</a></li> <li data-type="sub" data-role=nav-tab data-rel="997-panel" data-id="997" data-tab-order="3" data-sync="async"><a href=http://q.stock.sohu.com/ target=_blank>股票</a></li> </ul><span class=link> <a href="https://business.sohu.com/996?scm=1103.plate:415:0.0.2.0" target=_blank>行业</a> <a href="https://business.sohu.com/995?scm=1103.plate:415:0.0.2.0" target=_blank>经营管理</a> <a

href="http://business.sohu.com" target=_blank>进入财经首页 ></a></span></div><div><div class="main-box clearfix business-news" data-role=main-panel><div class="main-left left" data-role=focus data-spm="business-pics1"><div class=pic-focus>   <a data-param="?_f=index_businessfocus_0_0" href="/a/706998619_157078?scm=1103.plate:541:0.0.1_1.0" title="每年超 1000 万人花钱去迪士尼排队 什么心态？" target=_blank><img data-src="//p6.itc.cn/c_lfill,w_640,h_426,g_face,q_70/images03/20230730/f97493780c7c42c19b1b9e87c99d93da.jpeg" alt="每年超 1000 万人花钱去迪士尼排队 什么心态？" src="//statics.itc.cn/web/static/images/pic/preload.png"> <span class=txt> 每年超 1000 万人花钱去迪士尼排队 什么心态？ </span></a> </div><div class="pic-group clearfix"><ul>   <li class=" "><a data-param="?_f=index_businessfocus_0_" href="/a/707487871_121151945?scm=1103.plate:541:0.0.1_1.0" title="西媒：西班牙银行业巨头 BBVA 上半年利润增长 31%" target=_blank>   <img data-src="//p3.itc.cn/c_lfill,w_310,h_206,g_face,q_70/images03/20230730/1ccfd32671cd4d48a4879c756e2b79e3.jpeg" src="//statics.itc.cn/web/static/images/pic/preload.png" alt="西媒：西班牙银行业巨头 BBVA 上半年利润增长 31%"> <span class=txt> 西媒：西班牙银行业巨头 BBVA 上半年利润... </span></a></li>   <li class="end "><a data-param="?_f=index_businessfocus_0_" href="/a/707482144_115386?scm=1103.plate:541:0.0.1_1.0" title="喜提阿里站台之后，圆通速递却陷入阵痛期" target=_blank>   <img data-src="//p3.itc.cn/c_lfill,w_310,h_206,g_face,q_70/images03/20230730/8a3c9be4b0cc40e8b1bb02c3a8995f9c.png" src="//statics.itc.cn/web/static/images/pic/preload.png" alt="喜提阿里站台之后，圆通速递却陷入阵痛期"> <span

class=txt> 喜提阿里站台之后，圆通速递却陷入阵痛期
</span></a></li> </ul></div></div><div class="main-right right" data-role=main-news> <div class=list16
data-spm="business-news11"><ul> <li><a data-param="?_f=index_businessnews_0_0"
href="/a/707450803_121400037?scm=1103.plate:542:0.0
.1_1.0" target=_blank title="莫迪：建立全球供应链，还有
哪个国家比印度更可靠？"> <strong>莫迪：建立全球供应链
，还有哪个国家比印度更可靠？</strong> </a></li>
<li><a data-param="?_f=index_businessnews_0_1"
href="/a/707469283_121284943?scm=1103.plate:542:0.0
.1_1.0" target=_blank title="90 后为何如此沉迷刮刮乐？5
个月全国共销售彩票 2251 亿元"> 90 后为何如此沉迷刮刮乐
？5 个月全国共销售彩票 2251 亿元 </a></li> <li><a
data-param="?_f=index_businessnews_0_2"
href="/a/707433597_120638089?scm=1103.plate:542:0.0
.1_1.0" target=_blank title="越南出口又崩了：7 个月
1947.3 亿美元，下滑 11%！"> 越南出口又崩了：7 个月
1947.3 亿美元，下滑 11%！ </a></li> <li><a data-param="?_f=index_businessnews_0_3"
href="/a/707480355_222256?scm=1103.plate:542:0.0.1_
1.0" target=_blank title="阿富汗官员将就解除制裁等议题与
美方谈判"> 阿富汗官员将就解除制裁等议题与美方谈判
</a></li> <li><a data-param="?_f=index_businessnews_0_4"
href="/a/707462808_118392?scm=1103.plate:542:0.0.1_
1.0" target=_blank title="国家防总对 6 省市启动防汛三级应
急响应"> 国家防总对 6 省市启动防汛三级应急响应
</a></li> <li><a data-param="?_f=index_businessnews_0_5"
href="/a/707471190_114984?scm=1103.plate:542:0.0.1_
1.0" target=_blank title="日本 YCC 政策调整，通胀压力仍
大：YCC 或难久持"> 日本 YCC 政策调整，通胀压力仍大：
YCC 或难久持 </a></li> </ul></div> <div class=list16
data-spm="business-news12"><ul> <li><a data-param="?_f=index_businessnews_0_6"

href="/a/707415443_114984?scm=1103.plate:542:0.0.1_
1.0" target=_blank title="硕博比例超60%，3万多应届生入
职比亚迪"> <strong>硕博比例超60%，3万多应届生入职比
亚迪</strong> </a></li> <li><a data-
param="?_f=index_businessnews_0_7"
href="/a/707467167_115433?scm=1103.plate:542:0.0.1_
1.0" target=_blank title="涨幅超50%！电车也快开不起了
？专家这样看"> 涨幅超50%！电车也快开不起了？专家这样
看 </a></li> <li><a data-
param="?_f=index_businessnews_0_8"
href="/a/707476475_390502?scm=1103.plate:542:0.0.1_
1.0" target=_blank title="曾吹牛吹上天，现负债超1800亿
，这国产品牌还能翻身吗？"> 曾吹牛吹上天，现负债超
1800亿，这国产品牌还能翻身吗？ </a></li> <li><a
data-param="?_f=index_businessnews_0_9"
href="/a/707476357_114984?scm=1103.plate:542:0.0.1_
1.0" target=_blank title="广汽丰田裁员风波背后：内部人士
称下半年暂无全新车型推出计划"> 广汽丰田裁员风波背后：
内部人士称下半年暂无全新车型推出计划 </a></li>
<li><a data-param="?_f=index_businessnews_0_10"
href="/a/707424392_237556?scm=1103.plate:542:0.0.1_
1.0" target=_blank title="美国工厂很缺人：缺口达80万人
，年薪90万元招不到建筑工"> 美国工厂很缺人：缺口达80
万人，年薪90万元招不到建筑工 </a></li> <li
name=textAd class=textAd data-role="business"></li>
</ul></div> </div></div> <div class=main-box
style=display:none data-role="994-panel"></div> <div
class=main-box style=display:none data-role="998-
panel"></div> <div class=main-box
style=display:none data-role="997-panel"></div>
</div></div><div class="sidebar right"> <div
class="clear plugin plugin-side-right" data-widget-
id="business_index_component_1"
style=display:block;overflow:visible></div> <div
class=godR data-role=godR id="sideAd3"></div>
</div></div> <div class="area clearfix public content-

auto channel-content" data-role="auto-section"><div class="main left"><div class="title-cut clearfix" data-spm="auto-nav"><ul><li class="ch cur" data-role=nav-tab data-rel=main-panel data-type=main><a href="https://auto.sohu.com" target=_blank>汽车</a></li> <li data-type="auto-t-1" data-role=nav-tab data-rel="auto-t-1-panel" data-tab-order="1" data-sync="sync"><a href=" https://db.auto.sohu.com/home/" target=_blank> 买车</a></li> <li data-type="auto-t-3" data-role=nav-tab data-rel="auto-t-3-panel" data-tab-order="2" data-sync="sync"><a href=" https://2sc.sohu.com" target=_blank> 二手车 </a></li> </ul><span class=link> <a href="https://www.sohu.com/c/18?scm=1103.plate:416:0.0.2.0" target=_blank>自媒体</a> <a href="https://db.auto.sohu.com/home/?scm=1103.plate:416:0.0.2.0" target=_blank>车型大全</a> <a href="https://dealer.auto.sohu.com/map/?scm=1103.plate:416:0.0.2.0" target=_blank>经销商</a> <a href="https://auto.sohu.com" target=_blank>进入汽车首页 ></a></span></div><div><div class="main-box clearfix auto-news" data-role=main-panel> <div class="main-left left" data-role=focus data-spm="auto-pics"><div class=pic-focus> <a data-param="?_f=index_autofocus_0_0" href="//www.sohu.com/a/707095269_383324?scm=1103.plate:536:0.0.1_1.0" title="东风风神皓瀚马赫动力 DH-i 试驾体验" target=_blank> <img data-src="//p6.itc.cn/c_lfill,w_640,h_426,g_face,q_70/images03/20230730/73a7f5ea7d8147e883056bb5a884f49f.jpeg" alt="东风风神皓瀚马赫动力 DH-i 试驾体验" src="//statics.itc.cn/web/static/images/pic/preload.png"> <span class=txt> 东风风神皓瀚马赫动力 DH-i 试驾体验 </span></a> </div><div class="pic-group clearfix"><ul> <li class=" "> <a data-

param="?_f=index_autofocus_0_1"
href="//www.sohu.com/a/706876204_430526?scm=110
3.plate:536:0.0.1_1.0" title="上半年合资品牌:日系大降/价格
战将继续" target=_blank><img data-
src="//p2.itc.cn/c_lfill,w_310,h_206,g_face,q_70/images
03/20230728/5e8b03765e8145798d4a06f28b94f3e5.jpe
g"
src="//statics.itc.cn/web/static/images/pic/preload.pn
g" alt="上半年合资品牌:日系大降/价格战将继续"> <span
class=txt> 上半年合资品牌:日系大降/价格战将继续
</span></a> </li> <li class="end "> <a data-
param="?_f=index_autofocus_0_2"
href="//www.sohu.com/a/706733382_383324?scm=110
3.plate:536:0.0.1_1.0" title="智能车评测 | 问界过坑拖底 小
鹏险些刚蹭" target=_blank><img data-
src="//p9.itc.cn/c_lfill,w_310,h_206,g_face,q_70/images
03/20230728/504e713e73df451abfeaa8859103994a.jpe
g"
src="//statics.itc.cn/web/static/images/pic/preload.pn
g" alt="智能车评测 | 问界过坑拖底 小鹏险些刚蹭"> <span
class=txt> 智能车评测 | 问界过坑拖底 小鹏险些刚蹭
</span></a> </li> </ul></div></div> <div
class="main-right right" data-role=main-news>
<div class=list16 data-spm="auto-news11"><ul> <li>
<a data-param="?_f=index_autonews_0_0_0"
href="https://auto.sohu.com/?scm=1103.plate:537:0.0.1
_1.0" target=_blank title="4 挡混动体验如何？东风风神皓
瀚马赫动力 DH-i 试驾体验"> <strong>4 挡混动体验如何？
东风风神皓瀚马赫动力 DH-i 试驾体验</strong> </a>
</li> <li> <a data-
param="?_f=index_autonews_0_1_0"
href="//www.sohu.com/a/707104228_430526?scm=110
3.plate:537:0.0.1_1.0" target=_blank title="10.29-15.99 万
捷途 X70 PRO 上市"> 10.29-15.99 万 捷途 X70 PRO 上市
</a> <em class=line-mg>|</em> <a data-
param="?_f=index_autonews_0_1_1"

href="//www.sohu.com/a/706998211_383324?scm=110
3.plate:537:0.0.1_1.0" target=_blank title="e 平台 3.0 比
亚迪宋 L 四季度上市"> e 平台 3.0 比亚迪宋 L 四季度上市
</a> </li> <li> <a data-
param="?_f=index_autonews_0_2_0"
href="//www.sohu.com/a/706971457_383324?scm=110
3.plate:537:0.0.1_1.0" target=_blank title="特斯拉
Supercharger V4 参数曝光"> 特斯拉 Supercharger V4 参
数曝光 </a> <em class=line-mg>|</em> <a data-
param="?_f=index_autonews_0_2_1"
href="//www.sohu.com/a/706876204_430526?scm=110
3.plate:537:0.0.1_1.0" target=_blank title="上半年合资品
牌究竟过的如何?"> 上半年合资品牌究竟过的如何? </a>
</li> <li> <a data-
param="?_f=index_autonews_0_3_0"
href="//www.sohu.com/a/707468835_115342?scm=110
3.plate:537:0.0.1_1.0" target=_blank title="全新一代马自
达 6 曝光 国产尺寸加长/6 缸"> 全新一代马自达 6 曝光 国产
尺寸加长/6 缸 </a> <em class=line-mg>|</em> <a
data-param="?_f=index_autonews_0_3_1"
href="//www.sohu.com/a/707184764_120774496?scm=
1103.plate:537:0.0.1_1.0" target=_blank title="试驾全新
D-MAX V-CROSS"> 试驾全新 D-MAX V-CROSS </a>
</li> <li> <a data-
param="?_f=index_autonews_0_4_0"
href="//www.sohu.com/a/707052780_383324?scm=110
3.plate:537:0.0.1_1.0" target=_blank title="魏牌首款轿车
曝光!"> 魏牌首款轿车曝光! </a> <em class=line-
mg>|</em> <a data-
param="?_f=index_autonews_0_4_1"
href="//www.sohu.com/a/706845443_383324?scm=110
3.plate:537:0.0.1_1.0" target=_blank title="能 "躺平" 的
紧凑型小车:宝骏云朵静态体验"> 能 "躺平" 的紧凑型小车:
宝骏云朵静态体验 </a> </li> <li> <a data-
param="?_f=index_autonews_0_5_0"
href="//www.sohu.com/a/706767298_120925101?scm=

1103.plate:537:0.0.1_1.0" target=_blank title="2023 第三届搜狐青幕计划启动"> 2023 第三届搜狐青幕计划启动 </a> <em class=line-mg>|</em> <a data-param="?_f=index_autonews_0_5_1" href="//www.sohu.com/a/707410746_397276?scm=1103.plate:537:0.0.1_1.0" target=_blank title="盘点 8 月的重磅新车,告别"选车慌""> 盘点 8 月的重磅新车,告别"选车慌" </a> </li> </ul></div> <div class=list16 data-spm="auto-news12"><ul> <li> <a data-param="?_f=index_autonews_0_6_0" href="//www.sohu.com/a/706758922_430289?scm=1103.plate:537:0.0.1_1.0" target=_blank title="公关无效法务上!车企法务部集体走向前台,百万索赔成常态?"> <strong> 公关无效法务上!车企法务部集体走向前台,百万索赔成常态 ?</strong> </a> </li> <li> <a data-param="?_f=index_autonews_0_7_0" href="//www.sohu.com/a/707120722_430289?scm=1103.plate:537:0.0.1_1.0" target=_blank title="入股小鹏打开一扇门"> 入股小鹏打开一扇门 </a> <em class=line-mg>|</em> <a data-param="?_f=index_autonews_0_7_1" href="//www.sohu.com/a/707351389_121861?scm=1103.plate:537:0.0.1_1.0" target=_blank title="北汽蓝谷:半年亏损近 20 亿,何时回暖?"> 北汽蓝谷:半年亏损近 20 亿,何时回暖? </a> </li> <li> <a data-param="?_f=index_autonews_0_8_0" href="//www.sohu.com/a/707179535_115362?scm=1103.plate:537:0.0.1_1.0" target=_blank title="特斯拉秘密团队专门处理续航"虚标"投诉?"> 特斯拉秘密团队专门处理续航"虚标"投诉? </a> <em class=line-mg>|</em> <a data-param="?_f=index_autonews_0_8_1" href="//www.sohu.com/a/707394515_122189?scm=1103.plate:537:0.0.1_1.0" target=_blank title="雷克萨斯欠了三个交代"> 雷克萨斯欠了三个交代 </a> </li> <div data-role=auto-index-component2> <li> <a data-

param="?_f=index_autonews_0_9_0"
href="//www.sohu.com/a/707352968_121777?scm=110
3.plate:537:0.0.1_1.0" target=_blank title="谁还在等小米
、百度和华为新车"> 谁还在等小米、百度和华为新车 </a>
<em class=line-mg>|</em> <a data-
param="?_f=index_autonews_0_9_1"
href="//www.sohu.com/a/707293890_100273473?scm=
1103.plate:537:0.0.1_1.0" target=_blank title="东风日产该
如何"再造"？"> 东风日产该如何"再造"？ </a> </li>
<li> <a data-param="?_f=index_autonews_0_10_0"
href="//www.sohu.com/a/707171392_100019684?scm=
1103.plate:537:0.0.1_1.0" target=_blank title="陷入裁员风
波的广汽丰田"> 陷入裁员风波的广汽丰田 </a> <em
class=line-mg>|</em> <a data-
param="?_f=index_autonews_0_10_1"
href="//www.sohu.com/a/707170053_100169945?scm=
1103.plate:537:0.0.1_1.0" target=_blank title="理想不急于
出口,蔚来想叩开美国大门?"> 理想不急于出口,蔚来想叩开美
国大门? </a> </li> </div> <li name=textAd
class=textAd data-role="auto"></li> </ul></div>
</div> </div> <div class=main-box style=display:none
data-role="auto-t-1-panel"></div> <div class=main-
box style=display:none data-role="auto-t-3-
panel"></div> </div></div><div class="sidebar right">
<div class="clear plugin plugin-side-right" data-widget-
id="auto_index_component_1"
style=display:block;overflow:visible></div>
</div></div> <div class="god-wrapper clearfix
area"><div class="columnAd god-main" data-
role=god_column id=columnAd4></div></div><div
class="area clearfix public content-focus" data-
role=focus-section style=display:none></div> <div
class="area clearfix public content-it channel-content"
data-role="it-section"><div class="main left"><div
class=title-cut data-spm="it-nav"><ul><li class=cur
data-role=nav-tab data-rel=main-panel data-
type=main><a href="http://it.sohu.com"

target=_blank>科技</a></li> </ul><span class=link>
<a
href="https://www.sohu.com/xchannel/tag?key=%E7%
A7%91%E6%8A%80-
%E4%BA%92%E8%81%94%E7%BD%91&scm=1103.pl
ate:418:0.0.2.0" target=_blank>互联网</a> <a
href="https://www.sohu.com/xchannel/tag?key=%E7%
A7%91%E6%8A%80-
%E9%80%9A%E8%AE%AF&scm=1103.plate:418:0.0.
2.0" target=_blank>通讯</a> <a
href="https://www.sohu.com/xchannel/tag?key=%E7%
A7%91%E6%8A%80-
%E6%99%BA%E8%83%BD%E7%A1%AC%E4%BB%B6&amp
;scm=1103.plate:418:0.0.2.0" target=_blank>智能硬件
</a> <a
href="https://www.sohu.com/xchannel/tag?key=%E7%
A7%91%E6%8A%80-
%E6%B5%8B%E8%AF%84&scm=1103.plate:418:0.0.
2.0" target=_blank>科技评测</a> <a
href="https://www.sohu.com/xchannel/tag?key=%E7%
A7%91%E6%8A%80-
%E6%89%8B%E6%9C%BA&scm=1103.plate:418:0.0.
2.0" target=_blank>手机</a> <a
href="https://www.sohu.com/xchannel/tag?key=%E7%
A7%91%E5%AD%A6&scm=1103.plate:418:0.0.2.0"
target=_blank>科学</a> <a
href="https://www.sohu.com/xchannel/tag?key=%E7%
A7%91%E6%8A%80-
%E6%95%B0%E7%A0%81&scm=1103.plate:418:0.0.
2.0" target=_blank>数码</a> <a
href="http://it.sohu.com" target=_blank>进入科技首页
></a></span></div><div><div class="main-box
clearfix it-news" data-role=main-panel><div
class="main-left left" data-role=focus data-spm="it-
pics1"><div class=pic-focus>   <a data-
param="?_f=index_itfocus_0_0"
href="/a/707505671_120914498?scm=1103.plate:520:0.0

.1_2_992061278883221518.a3_517966-a2_3X2616"
title="8 月 "天象剧场" 上新：看英仙座流星雨，赏年度最大
满月" target=_blank><img data-
src="//p9.itc.cn/c_lfill,w_320,h_213,g_face,q_70/images
03/20230730/1045bfd265c04e98bae49219d54457ef.gif"
alt="8 月 "天象剧场" 上新：看英仙座流星雨，赏年度最大
满月"
src="//statics.itc.cn/web/static/images/pic/preload.pn
g"> <span class=txt> 8 月 "天象剧场" 上新：看英仙座流
星雨，赏年度... </span></a> </div><div class="pic-
group clearfix"><ul>   <li class=" "><a data-
param="?_f=index_itfocus_0_"
href="/a/707193308_115565?scm=1103.plate:520:0.0.1_
1.0" title="《张朝阳的物理课》解密谐振子链的升降算符"
target=_blank>   <img data-
src="//p8.itc.cn/c_lfill,w_310,h_206,g_face,q_70/images
03/20230729/ec8e6d2cdda944b9b3036d37c7853919.jp
eg"
src="//statics.itc.cn/web/static/images/pic/preload.pn
g" alt="《张朝阳的物理课》解密谐振子链的升降算符">
<span class=txt> 《张朝阳的物理课》解密谐振子链的升降
算符 </span></a></li>   <li class="end "><a data-
param="?_f=index_itfocus_0_"
href="/a/707499220_162758?scm=1103.plate:520:0.0.1_
2_992061278883221518.a3_517966-a2_3X2616" title=""吉
林一号" 一箭 41 星回传 "首图" 发布" target=_blank>
<img data-
src="//p1.itc.cn/c_lfill,w_310,h_206,g_face,q_70/images
03/20230730/295c0591b12449099edc3cbb5472e72c.jp
eg"
src="//statics.itc.cn/web/static/images/pic/preload.pn
g" alt=""吉林一号" 一箭 41 星回传 "首图" 发布"> <span
class=txt> "吉林一号" 一箭 41 星回传 "首图" 发布
</span></a></li>   </ul></div></div><div class="main-
right right" data-role=main-news>   <div class=list16
data-spm="it-news11"><ul> <li><a data-

140

param="?_f=index_itnews_0_0"
href="https://www.sohu.com/subject/326147?scm=110
3.plate:521:0.0.1_1.0" target=_blank title=""人间扳手"卡
琳娜,闪现 ChinaJoy!"> "人间扳手"卡琳娜,
闪现 ChinaJoy! </a></li> <li><a data-
param="?_f=index_itnews_0_1"
href="/a/707499203_116132?scm=1103.plate:521:0.0.1_
3_1013878120685572096.0" target=_blank title="抖音处罚
东方甄选,「货架电商」走到关键时刻"> 抖音处罚东方甄选
,「货架电商」走到关键时刻 </a></li> <li><a data-
param="?_f=index_itnews_0_2"
href="/a/707497667_115060?scm=1103.plate:521:0.0.1_
3_1013878120685572096.0" target=_blank title="椰树淘宝
直播间招聘招主播,参与者需进行才艺展示"> 椰树淘宝直播
间招聘招主播,参与者需进行才艺展示 </a></li> <li><a
data-param="?_f=index_itnews_0_3"
href="/a/707500502_120861439?scm=1103.plate:521:0.0
.1_3_1017827640431677440.0" target=_blank title="靠补
贴月销三千台,岚图汽车下半场还有救?"> 靠补贴月销三千
台,岚图汽车下半场还有救? </a></li> <li><a data-
param="?_f=index_itnews_0_4"
href="/a/707490153_121097259?scm=1103.plate:521:0.0
.1_3_1017827640431677440.0" target=_blank title="美国
的"芯病",不愿意让中国来治,美国想自己治"> 美国的"
芯病",不愿意让中国来治,美国想自己治 </a></li>
<li><a data-param="?_f=index_itnews_0_5"
href="/a/707471251_116132?scm=1103.plate:521:0.0.1_
3_1017827640431677440.0" target=_blank title="比亚迪、
长城:500 万"手撕"自媒体背后的冷思考"> 比亚迪、长城
:500 万"手撕"自媒体背后的冷思考 </a></li>
</ul> <div class=list16 data-spm="it-
news12"><ul> <li><a data-
param="?_f=index_itnews_0_6"
href="/a/707449632_355019?scm=1103.plate:521:0.0.1_
3_1017827640431677440.0" target=_blank title="TikTok 的
下一步棋,可能要让欧美音乐圈慌了"> TikTok 的下

141

一步棋，可能要让欧美音乐圈慌了</strong> </a></li>
<li><a data-param="?_f=index_itnews_0_7"
href="/a/707439942_668654?scm=1103.plate:521:0.0.1_
3_1017827640431677440.0" target=_blank title="美团离职员
工擅自入职阿里巴巴，赔了 27 万元违约金"> 美团离职员
工擅自入职阿里巴巴，赔了 27 万元违约金 </a></li>
<li><a data-param="?_f=index_itnews_0_8"
href="/a/707432886_114760?scm=1103.plate:521:0.0.1_
3_1017827640431677440.0" target=_blank title="消息称短
期内蚂蚁集团重新上市的可能性不大"> 消息称短期内蚂蚁集
团重新上市的可能性不大 </a></li> <li><a data-
param="?_f=index_itnews_0_9"
href="/a/707433508_197694?scm=1103.plate:521:0.0.1_
3_1017827640431677440.0" target=_blank title="有人涨粉
至千万，有人悄悄落寞，B 站百大 UP 主逐渐两极分化"> 有
人涨粉至千万，有人悄悄落寞，B 站百大 UP 主逐渐两极分化
</a></li> <li><a data-param="?_f=index_itnews_0_10"
href="/a/707505277_114760?scm=1103.plate:521:0.0.1_
3_1017827640431677440.0" target=_blank title="印度用
PSLV-CA C56 运载火箭为新加坡成功发射 7 颗卫星"> 印度
用 PSLV-CA C56 运载火箭为新加坡成功发射 7 颗卫星
</a></li> <li name=textAd class=textAd data-
role="it"></li> </ul></div> </div></div>
</div></div><div class="sidebar right"> <div
class="extend-mod bordR"><div data-
role=god_promotion id=sideAd4></div></div>
</div></div> <div class="area clearfix public content-
other"><div class="main left"><div class="god-main
god-main-top" data-role=god_column
id=columnAd5></div><div class="main-box main-boxA
clearfix"> <div class="main-left fashion-news left"><div
class=title-cut data-spm="fashion-nav"> <span
class=tt><a href="//fashion.sohu.com" target=_blank>
时尚</a></span> <span class=link><a
href="https://www.sohu.com/xchannel/tag?key=%E6%
97%B6%E5%B0%9A-

%E7%A9%BF%E6%90%AD&scm=1103.plate:419:0.0.2.0" target=_blank>时尚</a></span> <span class=link><a href="https://www.sohu.com/xchannel/tag?key=%E6%97%B6%E5%B0%9A-%E6%98%8E%E6%98%9F&scm=1103.plate:419:0.0.2.0" target=_blank>人物</a></span> <span class=link><a href="https://www.sohu.com/xchannel/tag?key=%E5%A4%8D%E5%90%88-%E6%97%B6%E5%B0%9A-%E5%A5%A2%E5%93%81&scm=1103.plate:419:0.0.2.0" target=_blank>奢品</a></span> </div><div class="picture-group clearfix" data-spm="fashion-pics"><ul> <li class=" "><a data-param="" href="/a/707423649_467279?scm=1103.plate:522:0.0.1_1.0" target=_blank title="大运会颜值担当、田径新女神吴艳妮爆火：不靠颜值，靠实力！">   <img data-src="//p0.itc.cn/c_fill,w_364,h_182,g_faces,q_70/images03/20230730/0812d6507fdc45368f8bd325ca8e09b2.jpeg" alt="大运会颜值担当、田径新女神吴艳妮爆火：不靠颜值，靠实力！" src="//statics.itc.cn/web/static/images/pic/preload.png"> <span class=txt>大运会颜值担当、田径新女神吴艳妮爆火：不靠颜值，靠实力！</span></a></li> <li class=" end"><a data-param="" href="/a/707423419_162238?scm=1103.plate:522:0.0.1_1.0" target=_blank title="这么抵制她？只骂王楚然，算什么本事？">   <img data-src="//p6.itc.cn/c_fill,w_364,h_182,g_faces,q_70/images03/20230730/2328d444903c4f34976971d805996005.jpeg" alt="这么抵制她？只骂王楚然，算什么本事？" src="//statics.itc.cn/web/static/images/pic/preload.png"> <span class=txt>这么抵制她？只骂王楚然，算什么本事？</span></a></li> </ul></div><div class=list16><ul data-spm="fashion-news">   <li> <a href="/a/707440250_544020?scm=1103.plate:523:0.0.1_

1.0" target=_blank title="感觉明年奥斯卡又是她的囊中物了
！"> <strong>感觉明年奥斯卡又是她的囊中物了！
</strong> </a></li> <li> <a
href="/a/707432914_100271920?scm=1103.plate:523:0.0
.1_1.0" target=_blank title="贝索斯和未婚妻在 35 亿游艇上
热吻！桑切斯穿白裙超嫩"> 贝索斯和未婚妻在 35 亿游艇上
热吻！桑切斯穿白裙超嫩 </a></li> <li> <a
href="/a/707536524_102771?scm=1103.plate:523:0.0.1_
3_1022915436888526848.0" target=_blank title="还有谁没
看过韩素希的小烟熏吗？夸累了"> 还有谁没看过韩素希的小
烟熏吗？夸累了 </a></li> <li> <a
href="/a/707536542_419328?scm=1103.plate:523:0.0.1_
3_1022915436888526848.0" target=_blank title="救命！
Kenergy 真来了！"> 救命！Kenergy 真来了！ </a></li>
<li> <a
href="/a/707506073_482779?scm=1103.plate:523:0.0.1_
3_1022915436888526848.0" target=_blank title="女生自曝
和健身教练谈朋友，结果会怎样？"> 女生自曝和健身教练谈
朋友，结果会怎样？ </a></li> <li> <a
href="/a/707161786_100145404?scm=1103.plate:523:0.0
.1_3_1022915436888526848.0" target=_blank title="张子
枫瘦太过了，生图张钧甯都被衬成胖子"> 张子枫瘦太过了，
生图张钧甯都被衬成胖子 </a></li> <li name=textAd
class=textAd data-role="fashion"></li>
</ul></div></div> <div class="main-left learning-news
right"><div class=title-cut data-spm="learning-nav">
<span class=tt><a href="//learning.sohu.com"
target=_blank>教育</a></span> <span class=link><a
href="https://www.sohu.com/xchannel/tag?key=%E6%
95%99%E8%82%B2-
%E9%AB%98%E8%80%83&scm=1103.plate:420:0.0.
2.0" target=_blank>高考</a></span> <span
class=link><a
href="https://www.sohu.com/xchannel/tag?key=%E6%
95%99%E8%82%B2-
%E7%95%99%E5%AD%A6&scm=1103.plate:420:0.0.

2.0" target=_blank>留学</a></span> <span
class=link><a
href="https://www.sohu.com/xchannel/tag?key=%E5%
A4%8D%E5%90%88-%E6%95%99%E8%82%B2-
%E5%AD%A6%E4%B9%A0%E8%B5%84%E6%96%99&
scm=1103.plate:420:0.0.2.0" target=_blank>学习资料
</a></span> </div><div class="picture-group clearfix"
data-spm="learning-pics"><ul <li class=" "><a data-
param=""
href="/a/707425855_574698?scm=1103.plate:489:0.0.1_
3_1029779528601374720.0" target=_blank title="浙大美女
教授：我们不妨做个普通人，但重要的是…"> <img
data-
src="//p2.itc.cn/c_fill,w_364,h_182,g_faces,q_70/image
s03/20230730/3dc46e5a4f1c4713b3a009974f1f2829.pn
g" alt="浙大美女教授：我们不妨做个普通人，但重要的是…"
src="//statics.itc.cn/web/static/images/pic/preload.pn
g"> <span class=txt>浙大美女教授：我们不妨做个普通人
，但重要的是…</span></a></li> <li class=" end"><a
data-param=""
href="/a/707423801_220095?scm=1103.plate:489:0.0.1_
3_1029779528601374720.0" target=_blank title="曹操高陵
博物馆遇冷：揭秘真实的曹操"> <img data-
src="//p2.itc.cn/c_fill,w_364,h_182,g_faces,q_70/image
s03/20230730/c996fa27e46c49ca98f9fb423ce71a15.jpe
g" alt="曹操高陵博物馆遇冷：揭秘真实的曹操"
src="//statics.itc.cn/web/static/images/pic/preload.pn
g"> <span class=txt>曹操高陵博物馆遇冷：揭秘真实的曹
操</span></a></li> </ul></div><div class=list16><ul
data-spm="learning-news"> <li> <a
href="/a/707515094_162522?scm=1103.plate:488:0.0.1_
2_992061278883221514.a3_515295-a2_3X2599"
target=_blank title="高校录取通知书竟藏着一碗"牛肉面"
！"> <strong>高校录取通知书竟藏着一碗"牛肉面"！
</strong> </a></li> <li> <a
href="/a/707505015_263543?scm=1103.plate:488:0.0.1_

2_992061278883221514.a3_515295-a2_3X2599"
target=_blank title="这些研究所太宝藏，排名还能超清华？
"> 这些研究所太宝藏，排名还能超清华？ </a></li>   <li>
<a
href="/a/707498157_313745?scm=1103.plate:488:0.0.1_
2_992061278883221514.a3_515295-a2_3X2599"
target=_blank title="起早贪黑门口拍照，"特种兵打卡"式
研学有待规范"> 起早贪黑门口拍照，"特种兵打卡"式研学
有待规范 </a></li>   <li> <a
href="/a/707502198_120932989?scm=1103.plate:488:0.0
.1_2_992061278883221514.a3_515295-a2_3X2599"
target=_blank title="儿子稀里糊涂选了"王炸专业"，家长
求助"> 儿子稀里糊涂选了"王炸专业"，家长求助
</a></li>   <li> <a
href="/a/707485540_100024718?scm=1103.plate:488:0.0
.1_3_984861812396724224.0" target=_blank title="许子东
：现在的东北作家，就是为父辈打抱不平"> 许子东：现在的
东北作家，就是为父辈打抱不平 </a></li>   <li> <a
href="/a/707440395_120863305?scm=1103.plate:488:0.0
.1_3_984861812396724224.0" target=_blank title="8 所文
科"跳水"，9 所理科"走高"！"> 8 所文科"跳水"，9
所理科"走高"！ </a></li>   <li name=textAd
class=textAd data-role="learning"></li>
</ul></div></div> </div><div class="main-box main-
boxB clearfix"> <div class="main-left travel-news
left"><div class=title-cut data-spm="travel-nav"> <span
class=tt><a href="//travel.sohu.com" target=_blank>旅
游</a></span>   <span class=link><a
href="https://www.sohu.com/xchannel/TURBd01EQXd
OREkz?scm=1103.plate:421:0.0.2.0" target=_blank>国内
游</a></span> <span class=link><a
href="https://www.sohu.com/xchannel/TURBd01EQXd
OREk0?scm=1103.plate:421:0.0.2.0" target=_blank>境外
游</a></span> <span class=link><a
href="https://www.sohu.com/xchannel/TURBd01EQXd
ORE00?scm=1103.plate:421:0.0.2.0" target=_blank>攻略

家</a></span> </div><div class="picture-group
clearfix" data-spm="travel-pics"><ul> <li class=" "><a
data-param=""
href="/a/707573297_362042?scm=1103.plate:347:0.0.1_
3_1020348300819238912.0" target=_blank title="研学游、
音乐会、City Walk……从暑期文旅热点看文旅新趋势">
<img data-
src="//p3.itc.cn/c_fill,w_364,h_182,g_faces,q_70/image
s03/20230730/0cd70bfc29cd473cad1f0c7f2b0ba149.jp
eg" alt="研学游、音乐会、City Walk……从暑期文旅热点看
文旅新趋势"
src="//statics.itc.cn/web/static/images/pic/preload.pn
g"> <span class=txt>研学游、音乐会、City Walk……从暑
期文旅热点看文旅新趋势</span></a></li> <li class="
end"><a data-param=""
href="/a/707578938_123753?scm=1103.plate:347:0.0.1_
3_1020348300819238912.0" target=_blank title="青海澜沧
江源园区昂赛大峡谷：只此青绿 美意正浓"> <img data-
src="//p3.itc.cn/c_fill,w_364,h_182,g_faces,q_70/image
s03/20230730/997c7c3d11144db5920a10cd0568d618.jp
eg" alt="青海澜沧江源园区昂赛大峡谷：只此青绿 美意正浓"
src="//statics.itc.cn/web/static/images/pic/preload.pn
g"> <span class=txt>青海澜沧江源园区昂赛大峡谷：只此
青绿 美意正浓</span></a></li> </ul></div><div
class=list16><ul data-spm="travel-news"> <li> <a
href="/a/707548130_117402?scm=1103.plate:221:0.0.1_
3_1020348300819238912.0" target=_blank title="苏州枫桥
景区，好玩不花钱，好看又好逛"> <strong>苏州枫桥景区，
好玩不花钱，好看又好逛</strong> </a></li> <li> <a
href="/a/707572964_121123705?scm=1103.plate:221:0.0
.1_3_1020348300819238912.0" target=_blank title="来贵
州吧！让你持续分泌"多巴胺""> 来贵州吧！让你持续分泌
"多巴胺" </a></li> <li> <a
href="/a/707572571_162758?scm=1103.plate:221:0.0.1_
3_1020348300819238912.0" target=_blank title="放假通知
：连休４天！网友沸了，很有细节！"> 放假通知：连休４天

！网友沸了，很有细节！ </a></li>   <li> <a
href="/a/707571169_115865?scm=1103.plate:221:0.0.1_
3_1020348300819238912.0" target=_blank title="北京环球
影城主题公园将于 7 月 31 日恢复开放"> 北京环球影城主题
公园将于 7 月 31 日恢复开放 </a></li>   <li> <a
href="/a/707570588_120125395?scm=1103.plate:221:0.0
.1_3_1020348300819238912.0" target=_blank title="大理
云龙旅游：四个地方，不容错过！"> 大理云龙旅游：四个地
方，不容错过！ </a></li>   <li> <a
href="/a/707575692_790178?scm=1103.plate:221:0.0.1_
3_1020348300819238912.0" target=_blank title="周末去哪
儿玩？静安这几条宝藏马路逛过没？"> 周末去哪儿玩？静安
这几条宝藏马路逛过没？ </a></li>   <li name=textAd
class=textAd data-role="travel"></li>
</ul></div></div> <div class="main-left chihe-news
right"><div class=title-cut data-spm="chihe-nav">
<span class=tt><a href="//chihe.sohu.com"
target=_blank>美食</a></span>   <span class=link><a
href="https://www.sohu.com/xchannel/TURBd01EQXd
ORFUx?scm=1103.plate:422:0.0.2.0" target=_blank>流行
餐单</a></span> <span class=link><a
href="https://www.sohu.com/xchannel/TURBd01EQXd
ORFUz?scm=1103.plate:422:0.0.2.0" target=_blank>食疗
养生</a></span> <span class=link><a
href="https://www.sohu.com/xchannel/TURBd01EQXd
ORFU1?scm=1103.plate:422:0.0.2.0" target=_blank>减肥
食谱</a></span> </div><div class="picture-group
clearfix" data-spm="chihe-pics"><ul>   <li class=" "><a
data-param=""
href="/a/707566955_121745171?scm=1103.plate:218:0.0
.1_3_1023925491221991424.0" target=_blank title="三伏
天，常吃这五种碱性菜，缓解疲劳，精气足">   <img
data-
src="//p1.itc.cn/c_fill,w_364,h_182,g_faces,q_70/image
s03/20230730/c91bf5bde0064f70b807ca7bade27a0d.j
peg" alt="三伏天，常吃这五种碱性菜，缓解疲劳，精气足"

src="//statics.itc.cn/web/static/images/pic/preload.pn
g"> <span class=txt>三伏天，常吃这五种碱性菜，缓解疲
劳，精气足</span></a></li> <li class=" end"><a data-
param=""
href="/a/707572873_120473832?scm=1103.plate:218:0.0
.1_3_1023925491221991424.0" target=_blank title="无海
鲜，不夏天！这个夏天，请带上 256G 的胃来普陀！">
<img data-
src="//p4.itc.cn/c_fill,w_364,h_182,g_faces,q_70/image
s03/20230730/f7272bf97b954d149da733401f8527d5.jpe
g" alt="无海鲜，不夏天！这个夏天，请带上 256G 的胃来普
陀！"
src="//statics.itc.cn/web/static/images/pic/preload.pn
g"> <span class=txt>无海鲜，不夏天！这个夏天，请带上
256G 的胃来普陀！</span></a></li> </ul></div><div
class=list16><ul data-spm="chihe-news"> <li> <a
href="/a/707436056_701119?scm=1103.plate:219:0.0.1_
3_1029122724791914496.0" target=_blank title="三伏天，
宁可少吃肉，也要多吃 5 样"黄金菜""> <strong>三伏天，
宁可少吃肉，也要多吃 5 样"黄金菜"</strong> </a></li>
<li> <a
href="/a/707252105_104675?scm=1103.plate:219:0.0.1_
1.0" target=_blank title="酸奶成为今夏刺客，茉酸奶是不是
智商税？"> 酸奶成为今夏刺客，茉酸奶是不是智商税？
</a></li> <li> <a
href="/a/707576620_162758?scm=1103.plate:219:0.0.1_
3_1023925491221991424.0" target=_blank title="岭南入夏
，老广们都离不开这碗糖水"> 岭南入夏，老广们都离不开这
碗糖水 </a></li> <li> <a
href="/a/707566292_107373?scm=1103.plate:219:0.0.1_
3_1029122724791914496.0" target=_blank title="最近爆火
的夜市单品，土豆脑袋必须冲！"> 最近爆火的夜市单品，土
豆脑袋必须冲！ </a></li> <li> <a
href="/a/707582533_701119?scm=1103.plate:219:0.0.1_
3_1029122724791914496.0" target=_blank title="夏天减肥
，这 7 种"刮油"食物别错过，低脂饱腹"> 夏天减肥，这 7

149

种"刮油"食物别错过，低脂饱腹 </a></li> <li> <a href="/a/706897992_100277806?scm=1103.plate:219:0.0.1_3_1023925491221991424.0" target=_blank title="腌酸豆角时焯水是"大忌"，腌菜师傅教你一招"> 腌酸豆角时焯水是"大忌"，腌菜师傅教你一招 </a></li> <li name=textAd class=textAd data-role="chihe"></li> </ul></div></div> </div><div class="main-box main-boxC clearfix"> <div class="main-left health-news left"><div class=title-cut data-spm="health-nav"> <span class=tt><a href="//healthnews.sohu.com" target=_blank>健康</a></span> <span class=link><a href="https://www.sohu.com/xchannel/TURBd01EQXhOVFkw?scm=1103.plate:423:0.0.2.0" target=_blank>搜狐医药</a></span> <span class=link><a href="https://www.sohu.com/xchannel/TURBd01EQXhOakV6?scm=1103.plate:423:0.0.2.0" target=_blank>搜狐名医</a></span> <span class=link><a href="https://www.sohu.com/xchannel/TURBd01EQXhOakl4?scm=1103.plate:423:0.0.2.0" target=_blank>就医帮</a></span> </div><div class="picture-group clearfix" data-spm="health-pics"><ul> <li class=" "><a data-param="" href="https://m.sohu.com/subject/326084?scm=1103.plate:539:0.0.1_1.0" target=_blank title="暑假来啦，儿科就诊指南奉上 | 搜狐健康专题"> <img data-src="//p7.itc.cn/c_fill,w_364,h_182,g_faces,q_70/images03/20230712/9805cbb86555412a88a01581812d3cf6.png" alt="暑假来啦，儿科就诊指南奉上 | 搜狐健康专题" src="//statics.itc.cn/web/static/images/pic/preload.png"> <span class=txt>暑假来啦，儿科就诊指南奉上 | 搜狐健康专题</span></a></li> <li class=" end"><a data-param="" href="/a/706189119_359980?scm=1103.plate:539:0.0.1_1.0" target=_blank title="一检查就是乳腺癌？这 5 类人最容易被找上"> <img data-src="//p4.itc.cn/c_fill,w_364,h_182,g_faces,q_70/image

s03/20230729/8a0e986091804b4197712802ad11c8b6.jpeg" alt="一检查就是乳腺癌？这5类人最容易被找上" src="//statics.itc.cn/web/static/images/pic/preload.png"> <span class=txt>一检查就是乳腺癌？这5类人最容易被找上</span></a></li> </ul></div><div class=list16><ul data-spm="health-news"> <li> <a href="/a/706751682_359980?scm=1103.plate:540:0.0.1_1.0" target=_blank title="《长安三万里》中李白的"啤酒肚"是喝出来的吗？"> <strong>《长安三万里》中李白的"啤酒肚"是喝出来的吗？</strong> </a></li> <li> <a href="/a/704982169_359980?scm=1103.plate:540:0.0.1_1.0" target=_blank title="记忆力不减当年！"超级老人"的奥秘有哪些？"> 记忆力不减当年！"超级老人"的奥秘有哪些？ </a></li> <li> <a href="/a/706731711_359980?scm=1103.plate:540:0.0.1_1.0" target=_blank title="新冠病毒感染或增加骨折风险"> 新冠病毒感染或增加骨折风险 </a></li> <li> <a href="/a/706957083_359980?scm=1103.plate:540:0.0.1_1.0" target=_blank title="街边打耳洞染上肝炎？了解这些，拒绝"肝"扰"> 街边打耳洞染上肝炎？了解这些，拒绝"肝"扰 </a></li> <li> <a href="/a/706179724_359980?scm=1103.plate:540:0.0.1_1.0" target=_blank title="晚年生活质量低？心理健康问题不容忽视"> 晚年生活质量低？心理健康问题不容忽视 </a></li> <li> <a href="/a/704646194_359980?scm=1103.plate:540:0.0.1_1.0" target=_blank title="听说洗米会造成营养流失？那做饭还用洗米吗"> 听说洗米会造成营养流失？那做饭还用洗米吗 </a></li> <li name=textAd class=textAd data-role="health"></li> </ul></div></div> <div class="main-left baobao-news right"><div class=title-cut data-spm="baobao-nav"> <span class=tt><a href="//baobao.sohu.com" target=_blank>母婴 </a></span> <span class=link><a href="https://www.sohu.com/xchannel/TURBd01EQXdOalE1?scm=1103.plate:424:0.0.2.0" target=_blank>早教

</a></span> <span class=link><a href="https://www.sohu.com/xchannel/TURBd01EQXdOalE0?scm=1103.plate:424:0.0.2.0" target=_blank>科学哺育</a></span> <span class=link><a href="https://www.sohu.com/xchannel/TURBd01EQXdPVGs1?scm=1103.plate:424:0.0.2.0" target=_blank>婴幼健康</a></span> </div><div class="picture-group clearfix" data-spm="baobao-pics"><ul> <li class=" "><a data-param="" href="/a/706838146_120560561?scm=1103.plate:524:0.0.1_2_992061278883221515.a3_515296-a2_3X2602" target=_blank title="3 个症状，表明胎儿宫内生长受限，快就医"> <img data-src="//p4.itc.cn/c_fill,w_364,h_182,g_faces,q_70/images03/20230730/5fbdfc506b124096ac5153c90c69ef16.bmp" alt="3 个症状，表明胎儿宫内生长受限，快就医" src="//statics.itc.cn/web/static/images/pic/preload.png"> <span class=txt>3 个症状，表明胎儿宫内生长受限，快就医</span></a></li> <li class=" end"><a data-param="" href="/a/707428710_100157643?scm=1103.plate:524:0.0.1_2_992061278883221515.a3_515296-a2_3X2602" target=_blank title="孕妈妈"有喜"后为啥胸部会胀痛？别瞎猜，听听专业的解释"> <img data-src="//p7.itc.cn/c_fill,w_364,h_182,g_faces,q_70/images03/20230730/9748c3d7d6794b45bee6ba8b774f526b.jpeg" alt="孕妈妈"有喜"后为啥胸部会胀痛？别瞎猜，听听专业的解释" src="//statics.itc.cn/web/static/images/pic/preload.png"> <span class=txt>孕妈妈"有喜"后为啥胸部会胀痛？别瞎猜，听听专业的解释</span></a></li> </ul></div><div class=list16><ul data-spm="baobao-news"> <li> <a href="/a/707515077_162758?scm=1103.plate:525:0.0.1_2_992061278883221515.a3_515296-a2_3X2602" target=_blank title="睡觉时总是出现这个姿势？要注意→">

```
<strong>睡觉时总是出现这个姿势？要注意→</strong>
</a></li>    <li>  <a
href="/a/707508220_362042?scm=1103.plate:525:0.0.1_
2_992061278883221515.a3_515296-a2_3X2602"
target=_blank title="禁止奶源地模糊信息标注，史上最产品
标识"> 禁止奶源地模糊信息标注，史上最产品标识
</a></li>    <li>  <a
href="/a/707495280_162758?scm=1103.plate:525:0.0.1_
2_992061278883221515.a3_515296-a2_3X2602"
target=_blank title="妊娠合并子宫肌瘤怎么办？"> 妊娠合
并子宫肌瘤怎么办？ </a></li>    <li>  <a
href="/a/707118476_100064048?scm=1103.plate:525:0.0
.1_2_992061278883221515.a3_515296-a2_3X2602"
target=_blank title="生完孩子后，你的胎盘到哪去了？">
生完孩子后，你的胎盘到哪去了？ </a></li>    <li>  <a
href="/a/707373053_121400326?scm=1103.plate:525:0.0
.1_2_992061278883221515.a3_515296-a2_3X2602"
target=_blank title="国家卫健委：加强母婴设施建设 提高
母婴设施配置率"> 国家卫健委：加强母婴设施建设 提高母婴
设施配置率 </a></li>    <li>  <a
href="/a/707120772_120670983?scm=1103.plate:525:0.0
.1_2_992061278883221515.a3_515296-a2_3X2602"
target=_blank title="三伏天坐月子宁可辛苦 42 天，也要牢
记的四大原则"> 三伏天坐月子宁可辛苦 42 天，也要牢记的
四大原则 </a></li>    <li name=textAd class=textAd
data-role="baobao"></li>    </ul></div></div>
</div><div class=god-main data-role=god_column
id=columnAd6></div><div class="main-box main-boxD
clearfix">  <div class="main-left history-news left"><div
class=title-cut data-spm="history-nav">  <span
class=tt><a href="//history.sohu.com" target=_blank>历
史</a></span>    <span class=link><a
href="https://www.sohu.com/xchannel/tag?key=%E5%
A4%8D%E5%90%88%E9%A2%91%E9%81%93-
%E5%8E%86%E5%8F%B2-
%E7%A7%A6%E6%B1%89%E4%B8%89%E5%9B%BD&amp;
```

scm=1103.plate:425:0.0.2.0" target=_blank>秦汉三国
</a></span> <span class=link><a
href="https://www.sohu.com/xchannel/tag?key=%E5%
A4%8D%E5%90%88%E9%A2%91%E9%81%93-
%E5%8E%86%E5%8F%B2-
%E4%B8%A4%E6%99%8B%E9%9A%8B%E5%94%90&s
cm=1103.plate:425:0.0.2.0" target=_blank>两晋隋唐
</a></span> <span class=link><a
href="https://www.sohu.com/xchannel/tag?key=%E5%
A4%8D%E5%90%88%E9%A2%91%E9%81%93-
%E5%8E%86%E5%8F%B2-
%E4%B8%A4%E5%AE%8B%E5%85%83%E6%98%8E&s
cm=1103.plate:425:0.0.2.0" target=_blank>两宋元明
</a></span> </div><div class="picture-group clearfix"
data-spm="history-pics"><ul> <li class=" "><a data-
param=""
href="/a/707551225_119038?scm=1103.plate:249:0.0.1_
2_992061278883221507.a3_504050-a2_3X2524"
target=_blank title="三星堆博物馆新馆有哪些亮点">
<img data-
src="//p1.itc.cn/c_fill,w_364,h_182,g_faces,q_70/image
s03/20230730/1d5cbbe6177042549352024cf625c594.jp
eg" alt="三星堆博物馆新馆有哪些亮点"
src="//statics.itc.cn/web/static/images/pic/preload.pn
g"> <span class=txt>三星堆博物馆新馆有哪些亮点
</span></a></li> <li class=" end"><a data-param=""
href="/a/707493894_120005162?scm=1103.plate:249:0.0
.1_1.0" target=_blank title="巴金的一本《赴朝日记》，95
后从"流水账"里读懂磅礴历史">   <img data-
src="//p9.itc.cn/c_fill,w_364,h_182,g_faces,q_70/image
s03/20230730/e71ca2e53be345f5a500f55f6033a651.jpe
g" alt="巴金的一本《赴朝日记》，95后从"流水账"里读懂
磅礴历史"
src="//statics.itc.cn/web/static/images/pic/preload.pn
g"> <span class=txt>巴金的一本《赴朝日记》，95后从"
流水账"里读懂磅礴历史</span></a></li>
</ul></div><div class=list16><ul data-spm="history-

154

news"> <li> <a
href="/a/707535491_115239?scm=1103.plate:250:0.0.1_
1.0" target=_blank title="在敦煌市博物馆感悟敦煌文化 触
摸丝路印记"> <strong>在敦煌市博物馆感悟敦煌文化 触摸
丝路印记</strong> </a></li> <li> <a
href="/a/707517490_260616?scm=1103.plate:250:0.0.1_
2_992061278883221507.a3_504050-a2_3X2524"
target=_blank title="译者手记｜唐宋之际的国家、地方与财
政"> 译者手记｜唐宋之际的国家、地方与财政 </a></li>
<li> <a
href="/a/706964849_120003965?scm=1103.plate:250:0.0
.1_2_992061278883221507.a3_504050-a2_3X2524"
target=_blank title="历史上的今天｜钱穆出生"> 历史上的
今天｜钱穆出生 </a></li> <li> <a
href="/a/707533028_123753?scm=1103.plate:250:0.0.1_
1.0" target=_blank title="秦始皇帝陵博物院文物修复师马宇
：让世界了解中国古代工匠的智慧"> 秦始皇帝陵博物院文物
修复师马宇：让世界了解中国古代工匠的智慧 </a></li>
<li> <a
href="/a/707531529_362042?scm=1103.plate:250:0.0.1_
2_992061278883221507.a3_504050-a2_3X2524"
target=_blank title="人民论坛网评｜从文物保护看文化传
承"> 人民论坛网评｜从文物保护看文化传承 </a></li>
<li> <a
href="/a/707533877_353840?scm=1103.plate:250:0.0.1_
2_992061278883221507.a3_504050-a2_3X2524"
target=_blank title="齐国灭宋后，遭到五国伐齐，为何楚国
消灭越国却没被围攻呢？"> 齐国灭宋后，遭到五国伐齐，为
何楚国消灭越国却没被围攻呢？ </a></li> <li
name=textAd class=textAd data-role="history"></li>
</ul></div></div> <div class="main-left cul-news
right"><div class=title-cut data-spm="cul-nav"> <span
class=tt><a href="//cul.sohu.com" target=_blank>文化
</a></span> <span class=link><a
href="https://www.sohu.com/xchannel/tag?key=%E6%
96%87%E5%8C%96-

%E4%BA%BA%E7%89%A9&scm=1103.plate:426:0.0.
2.0" target=_blank>人物</a></span> <span
class=link><a
href="https://www.sohu.com/xchannel/tag?key=%E6%
96%87%E5%8C%96-
%E8%AF%BB%E4%B9%A6&scm=1103.plate:426:0.0.
2.0" target=_blank>读书</a></span> <span
class=link><a
href="https://www.sohu.com/xchannel/tag?key=%E6%
96%87%E5%8C%96-
%E8%89%BA%E6%9C%AF&scm=1103.plate:426:0.0.
2.0" target=_blank>艺术</a></span> </div><div
class="picture-group clearfix" data-spm="cul-pics"><ul>
<li class=" "><a data-param=""
href="/a/707531574_120578424?scm=1103.plate:246:0.0
.1_2_992061278883221506.a3_504043-a2_3X2523"
target=_blank title="第二届非遗数字论坛在扎鲁特旗举行">
<img data-
src="//p9.itc.cn/c_fill,w_364,h_182,g_faces,q_70/image
s03/20230730/4da2e607968b40f1be2aef0412268a49.jp
eg" alt="第二届非遗数字论坛在扎鲁特旗举行"
src="//statics.itc.cn/web/static/images/pic/preload.pn
g"> <span class=txt>第二届非遗数字论坛在扎鲁特旗举行
</span></a></li> <li class=" end"><a data-param=""
href="/a/707531578_114988?scm=1103.plate:246:0.0.1_
2_992061278883221506.a3_504043-a2_3X2523"
target=_blank title="京味儿童剧《"胡同丫丫"成长三部曲
》研讨会在京举行">   <img data-
src="//p6.itc.cn/c_fill,w_364,h_182,g_faces,q_70/image
s03/20230730/ad3b77ff342f4935a99ef9676d09eac1.jpe
g" alt="京味儿童剧《"胡同丫丫"成长三部曲》研讨会在京
举行"
src="//statics.itc.cn/web/static/images/pic/preload.pn
g"> <span class=txt>京味儿童剧《"胡同丫丫"成长三部
曲》研讨会在京举行</span></a></li> </ul></div><div
class=list16><ul data-spm="cul-news">   <li> <a
href="/a/707534051_121218495?scm=1103.plate:247:0.0

156

.1_2_992061278883221506.a3_504043-a2_3X2523" target=_blank title="科幻冒险故事《猎海日志》图书分享会在济南举行"> <strong>科幻冒险故事《猎海日志》图书分享会在济南举行</strong> </a></li> <li> <a href="/a/707510138_120005162?scm=1103.plate:247:0.0.1_1_1.0" target=_blank title="大运会浪漫的文化盛宴，你都看懂了吗？"> 大运会浪漫的文化盛宴，你都看懂了吗？</a></li> <li> <a href="/a/707547843_228930?scm=1103.plate:247:0.0.1_1.0" target=_blank title="《长安三万里》中那些流传千古的诗句"> 《长安三万里》中那些流传千古的诗句 </a></li> <li> <a href="/a/707506752_120005162?scm=1103.plate:247:0.0.1_1.0" target=_blank title="带上这份指南，进入 UCCA 马蒂斯的艺术世界"> 带上这份指南，进入 UCCA 马蒂斯的艺术世界 </a></li> <li> <a href="/a/707559349_691742?scm=1103.plate:247:0.0.1_1.0" target=_blank title="中国神话里蕴藏着中国精神"> 中国神话里蕴藏着中国精神 </a></li> <li> <a href="/a/707498618_120005162?scm=1103.plate:247:0.0.1_1.0" target=_blank title=""它应该是一种温暖的陪伴"，Ken Lee 个展《遇见你真好》在京举办"> "它应该是一种温暖的陪伴"，Ken Lee 个展《遇见你真好》在京举办 </a></li> <li name=textAd class=textAd data-role="cul"></li> </ul></div></div> </div><div class="main-box main-boxE clearfix"> <div class="main-left mil-news left"><div class=title-cut data-spm="mil-nav"> <span class=tt><a href="//mil.sohu.com" target=_blank>军事</a></span> <span class=link><a href="https://www.sohu.com/xtopic/TURBd01EVTBNemN3?scm=1103.plate:427:0.0.2.0" target=_blank>国际局势</a></span> <span class=link><a href="https://www.sohu.com/xchannel/tag?key=%E5%A4%8D%E5%90%88-%E5%86%9B%E5%A4%87%E6%AD%A6%E5%99%A8&scm=1103.plate:427:0.0.2.0" target=_blank>军备武器

```
</a></span> <span class=link><a
href="https://www.sohu.com/xchannel/tag?key=%E5%
8E%86%E5%8F%B2%E9%A3%8E%E4%BA%91&amp;scm=1
103.plate:427:0.0.2.0" target=_blank>历史风云
</a></span> </div><div class="picture-group clearfix"
data-spm="mil-pics"><ul> <li class=" "><a data-
param=""
href="/a/707547002_162522?scm=1102.xchannel:2024:1
00002.0.2.a2_5X151X618" target=_blank title="梅德韦杰
夫警告：如果俄罗斯失去领土，将不得不动用核武器">
<img data-
src="https://p4.itc.cn/c_fill,w_364,h_182,g_faces,q_70/i
mages03/20230730/4a315eaa664e49e08d439f6f0eb0d
00d.jpg" alt="梅德韦杰夫警告：如果俄罗斯失去领土，将不
得不动用核武器"
src="//statics.itc.cn/web/static/images/pic/preload.pn
g"> <span class=txt>梅德韦杰夫警告：如果俄罗斯失去领
土，将不得不动用核武器</span></a></li> <li class="
end"><a data-param=""
href="/a/707557683_162758?scm=1102.xchannel:2024:1
00002.0.2.a2_5X151X618" target=_blank title="韩靖，退
伍特种兵，二等荣誉奖章！">    <img data-
src="//p0.itc.cn/c_fill,w_364,h_182,g_faces,q_70/image
s03/20230730/6b9ba744dad24c7da87515d502738941.j
peg" alt="韩靖，退伍特种兵，二等荣誉奖章！"
src="//statics.itc.cn/web/static/images/pic/preload.pn
g"> <span class=txt>韩靖，退伍特种兵，二等荣誉奖章！
</span></a></li> </ul></div><div class=list16><ul
data-spm="mil-news">    <li>  <a
href="/a/707588650_120135071?scm=1102.xchannel:10
66:110036.0.1.0~9010.8000.0.0.5610" target=_blank
title="台军"汉光演习"模拟台北车站遭袭,于北辰爆料美方
指出要带盾牌冲现场"> <strong>台军"汉光演习"模拟台北
车站遭袭,于北辰爆料美方指出要带盾牌冲现场</strong>
</a></li>    <li>  <a
href="/a/707587715_267106?scm=1102.xchannel:1066:1
```

10036.0.1.0~9010.8000.0.0.5610" target=_blank title="（图文互动）追梦空天 制胜未来——写在空军航空开放活动·长春航空展闭幕之际"> （图文互动）追梦空天 制胜未来——写在空军航空开放活动·长春航空展闭幕之际 </a></li>   <li> <a href="/a/707579888_121083281?scm=1102.xchannel:1066:110036.0.1.0~9010.8000.0.0.5610" target=_blank title="血腥报复不起作用？乌克兰无人机深入腹地，莫斯科再次成为靶子"> 血腥报复不起作用？乌克兰无人机深入腹地，莫斯科再次成为靶子 </a></li>   <li> <a href="/a/707579373_120135071?scm=1102.xchannel:1066:110036.0.1.0~9010.8000.0.0.5610" target=_blank title="日本再度渲染台海紧张，"台湾有事就是日本有事"论调危险荒谬遭质疑"> 日本再度渲染台海紧张，"台湾有事就是日本有事"论调危险荒谬遭质疑 </a></li>   <li> <a href="/a/707578101_120135071?scm=1102.xchannel:1066:110036.0.1.0~9010.8000.0.0.5610" target=_blank title="总台海峡时评：民进党当局乞美军援只会加速"台独"灭亡！"> 总台海峡时评：民进党当局乞美军援只会加速"台独"灭亡！ </a></li>   <li> <a href="/a/707567818_793025?scm=1102.xchannel:1066:110036.0.1.0~9010.8000.0.0.5610" target=_blank title="两大消息：俄战轰部署黑龙江对岸，美官员：泽连斯基是英国特工"> 两大消息：俄战轰部署黑龙江对岸，美官员：泽连斯基是英国特工 </a></li>   <li name=textAd class=textAd data-role="mil"></li>   </ul></div></div>   <div class="main-left society-news right"><div class=title-cut data-spm="society-nav"> <span class=tt><a href="//www.sohu.com/xchannel/TURBd01EQXhPVGt5" target=_blank>专题</a></span>   <span class=link><a href="https://gongyi.sohu.com/?scm=1103.plate:428:0.0.2.0" target=_blank>公益</a></span> <span class=link><a href="https://media.sohu.com/?scm=1103.plate:428:0.0.2.0" target=_blank>传媒</a></span> <span class=link><a

href="https://www.sohu.com/xtopic/TURBd05EVXpOelV
5?scm=1103.plate:428:0.0.2.0" target=_blank>热门话题
</a></span> </div><div class="picture-group clearfix"
data-spm="society-pics"><ul <li class=" "><a data-
param=""
href="/a/707598475_114988?scm=1101.topic:438647:11
0063.0.9.a2_3X771-0806_919" target=_blank title="北京石
景山京西大悦城西侧路面塌陷，警方：降雨导致，未造成伤
亡"> <img data-
src="https://p3.itc.cn/c_fill,w_364,h_182,g_faces,q_70/i
mages03/20230731/744f012b3631462b8266ce7d3d575
18e.jpeg" alt="北京石景山京西大悦城西侧路面塌陷，警方
：降雨导致，未造成伤亡"
src="//statics.itc.cn/web/static/images/pic/preload.pn
g"> <span class=txt>北京石景山京西大悦城西侧路面塌陷
，警方：降雨导致，未造成伤亡</span></a></li> <li
class=" end"><a data-param=""
href="/a/707596929_115362?scm=1101.topic:438647:11
0063.0.9.a2_3X771-0806_919" target=_blank title="台风 "
卡努" 升级，秒速 35 米直扑浙江！上海预计影响比 "杜苏芮
" 严重！北京维持暴雨红色预警…"> <img data-
src="https://p0.itc.cn/c_fill,w_364,h_182,g_faces,q_70/i
mages03/20230731/2054ac38c1e6430e9a0863697b185
184.jpeg" alt="台风 "卡努" 升级，秒速 35 米直扑浙江！上
海预计影响比 "杜苏芮" 严重！北京维持暴雨红色预警…"
src="//statics.itc.cn/web/static/images/pic/preload.pn
g"> <span class=txt>台风 "卡努" 升级，秒速 35 米直扑浙
江！上海预计影响比 "杜苏芮" 严重！北京维持暴雨红色预
警…</span></a></li> </ul></div><div class=list16><ul
data-spm="society-news"> <li> <a
href="/xtopic/TURBd09UazVOREV3?eng_source=chann
el&scm=1102.xchannel:1992:110036.0.2.a2_5X142
X453" target=_blank title="20 金 8 银 12 铜！中国队位列福
冈游泳世锦赛金牌榜第一"> <strong>20 金 8 银 12 铜！中国
队位列福冈游泳世锦赛金牌榜第一</strong> </a></li>
<li> <a

href="/xtopic/TURBd09UazVNems1?eng_source=chann
el&scm=1102.xchannel:1992:110036.0.2.a2_5X142
X453" target=_blank title="北深广接连表态！房地产优化调
整政策有望尽快落地"> 北深广接连表态！房地产优化调整政
策有望尽快落地 </a></li> <li> <a
href="/xtopic/TURBd09UazVNemcy?eng_source=chann
el&scm=1102.xchannel:1992:110036.0.2.a2_5X142
X453" target=_blank title="普京：西方"吸尘器"般扫荡粮
食"> 普京：西方"吸尘器"般扫荡粮食 </a></li> <li>
<a
href="/xtopic/TURBd09UazVNemMz?eng_source=chan
nel&scm=1102.xchannel:1992:110036.0.2.a2_5X14
2X453" target=_blank title="浙江武义重大火灾事故调查报
告发布：20 名公职人员被处分"> 浙江武义重大火灾事故调
查报告发布：20 名公职人员被处分 </a></li> <li> <a
href="/xtopic/TURBd09UazRORGN4?eng_source=chann
el&scm=1102.xchannel:1992:110036.0.2.a2_5X142
X453" target=_blank title="辽宁丹东 4 人进山采蘑菇突遇暴
雨：2 人遇难，2 人失联"> 辽宁丹东 4 人进山采蘑菇突遇暴
雨：2 人遇难，2 人失联 </a></li> <li> <a
href="/xtopic/TURBd09UazVNelkz?eng_source=channel
&scm=1102.xchannel:1992:110036.0.2.a2_5X142X4
53" target=_blank title="仅凭 3 金，就把美国弄到第一！美
媒赢麻了……"> 仅凭 3 金，就把美国弄到第一！美媒赢麻了
…… </a></li> <li name=textAd class=textAd data-
role="society"></li> </ul></div></div> </div><div
class=god-main data-role=god_column
id=columnAd7></div><div class="main-box main-boxF
clearfix"> <div class="main-left astro-news left"><div
class=title-cut data-spm="astro-nav"> <span
class=tt><a href="//astro.sohu.com" target=_blank>星
座</a></span> <span class=link><a
href="https://www.sohu.com/xchannel/tag?key=%E6%
98%9F%E5%BA%A7-
%E5%BF%83%E7%90%86%E6%B5%8B%E8%AF%95&s
cm=1103.plate:429:0.0.2.0" target=_blank>测算

</a></span> <span class=link><a
href="https://www.sohu.com/xchannel/tag?key=%E6%
98%9F%E5%BA%A7-
%E8%BF%90%E5%8A%BF&scm=1103.plate:429:0.0.2
.0" target=_blank>运势</a></span> <span
class=link><a
href="https://www.sohu.com/xchannel/tag?key=%E6%
98%9F%E5%BA%A7-
%E7%94%9F%E8%82%96%E9%A3%8E%E6%B0%B4&s
cm=1103.plate:429:0.0.2.0" target=_blank>生肖
</a></span> </div><div class="picture-group clearfix"
data-spm="astro-pics"><ul> <li class=" "><a data-
param=""
href="/a/707219082_120735468?scm=1102.xchannel:10
62:110036.0.1.0~9010.8000.0.0.645" target=_blank title="
没有富贵病，却天生富贵命，越老福气越大的三大星座">
<img data-
src="//p6.itc.cn/c_fill,w_364,h_182,g_faces,q_70/image
s01/20230729/aca1fed8e44b49079258de10c40aa925.j
peg" alt="没有富贵病，却天生富贵命，越老福气越大的三大
星座"
src="//statics.itc.cn/web/static/images/pic/preload.pn
g"> <span class=txt>没有富贵病，却天生富贵命，越老福
气越大的三大星座</span></a></li> <li class=" end"><a
data-param=""
href="/a/707249032_120494443?scm=1102.xchannel:10
62:110036.0.1.0~9010.8000.0.0.645" target=_blank title="
这三大星座女最招人疼爱，天生的富贵命，注定被人捧在手
心里"> <img data-
src="//p9.itc.cn/c_fill,w_364,h_182,g_faces,q_70/image
s01/20230729/daec75c3e3b1404fa53a0ea36e545c5b.j
peg" alt="这三大星座女最招人疼爱，天生的富贵命，注定被
人捧在手心里"
src="//statics.itc.cn/web/static/images/pic/preload.pn
g"> <span class=txt>这三大星座女最招人疼爱，天生的富
贵命，注定被人捧在手心里</span></a></li>

```html
</ul></div><div class=list16><ul data-spm="astro-
news">   <li>  <a
href="/a/707220448_100293055?scm=1102.xchannel:10
63:110036.0.1.0~9010.8000.0.0.689" target=_blank title="
让男人恨的牙痒痒的三大星座女，让人又爱又恨，骨子里的
小妖精">  <strong>让男人恨的牙痒痒的三大星座女，让人又
爱又恨，骨子里的小妖精</strong>  </a></li>   <li>  <a
href="/a/707597553_120796826?scm=1102.xchannel:10
63:110036.0.1.0~9010.8000.0.0.689" target=_blank
title="7 月 31 日，十二星座，星座运势"> 7 月 31 日，十二
星座，星座运势  </a></li>   <li>  <a
href="/a/707244409_120606892?scm=1102.xchannel:10
63:110036.0.1.0~9010.8000.0.0.689" target=_blank title="
外表安分守己，其实内心邪恶无比，超级腹黑的三大星座">
外表安分守己，其实内心邪恶无比，超级腹黑的三大星座
</a></li>   <li>  <a
href="/a/707219082_120735468?scm=1102.xchannel:10
63:110036.0.1.0~9010.8000.0.0.689" target=_blank title="
没有富贵病，却天生富贵命，越老福气越大的三大星座">  没
有富贵病，却天生富贵命，越老福气越大的三大星座
</a></li>   <li>  <a
href="/a/707249032_120494443?scm=1102.xchannel:10
63:110036.0.1.0~9010.8000.0.0.689" target=_blank title="
这三大星座女最招人疼爱，天生的富贵命，注定被人捧在手
心里"> 这三大星座女最招人疼爱，天生的富贵命，注定被人
捧在手心里  </a></li>   <li>  <a
href="/a/706902365_103311?scm=1102.xchannel:1063:1
10036.0.1.0~9010.8000.0.0.689" target=_blank title="癸卯
年每日生肖运势 8 月 1 日"> 癸卯年每日生肖运势 8 月 1 日
</a></li>   <li name=textAd class=textAd data-
role="astro"></li>  </ul></div></div>  <div class="main-
left pets-news right"><div class=title-cut data-
spm="pets-nav">  <span class=tt><a
href="//pets.sohu.com" target=_blank>宠物
</a></span>   <span class=link><a
href="https://www.sohu.com/xchannel/TURBd01EQXdN
```

ekF6?scm=1103.plate:430:0.0.2.0" target=_blank>养宠经
验</a></span> <span class=link><a
href="https://www.sohu.com/xchannel/TURBd01EQXdN
ekUy?scm=1103.plate:430:0.0.2.0" target=_blank>喵星
人</a></span> <span class=link><a
href="https://www.sohu.com/xchannel/TURBd01EQXdN
ekUx?scm=1103.plate:430:0.0.2.0" target=_blank>汪星人
</a></span> </div><div class="picture-group clearfix"
data-spm="pets-pics"><ul> <li class=" "><a data-
param=""
href="/a/707599681_120517695?scm=1102.xchannel:10
60:100002.0.1.0~9010.8000.0.0.657" target=_blank title="
两只大狗对着老人不停狂咬，老人丝毫不惧，拿拖鞋跟跟狗
子周旋"> <img data-
src="http://e3f49eaa46b57.cdn.sohucs.com/c_pad,w_
600,h_400,blur_80/sscs/2023/7/31/1/4/6_189bba92922g
41SysCutcloudSrcimag_466514329_7_2b.jpg" alt="两只
大狗对着老人不停狂咬，老人丝毫不惧，拿拖鞋跟跟狗子周
旋"
src="//statics.itc.cn/web/static/images/pic/preload.pn
g"> <span class=txt>两只大狗对着老人不停狂咬，老人丝
毫不惧，拿拖鞋跟跟狗子周旋</span></a></li> <li class="
end"><a data-param=""
href="/a/707599783_120517695?scm=1102.xchannel:10
60:100002.0.1.0~9010.8000.0.0.657" target=_blank title="
下雨天最适合睡觉了 1"> <img data-
src="http://e3f49eaa46b57.cdn.sohucs.com/c_pad,w_
600,h_400,blur_80/sscs/2023/7/31/1/0/6_189bba5dea4
g41SysCutcloudSrcimag_466513073_7_1b.jpg" alt="下雨
天最适合睡觉了 1"
src="//statics.itc.cn/web/static/images/pic/preload.pn
g"> <span class=txt>下雨天最适合睡觉了
1</span></a></li> </ul></div><div class=list16><ul
data-spm="pets-news"> <li> <a
href="/a/706953933_120638467?scm=1102.xchannel:10
61:110036.0.1.0~9010.8000.0.0.679" target=_blank title="

女友在路边捡回家只可怜的小奶狗，把它带回家后男友各种羡慕"> <strong>女友在路边捡回家只可怜的小奶狗，把它带回家后男友各种羡慕</strong> </a></li> <li> <a href="/a/706948345_120652593?scm=1102.xchannel:1061:110036.0.1.0~9010.8000.0.0.679" target=_blank title="网友家折耳猫生了一窝猫崽，发朋友圈显摆，结果却被气到了"> 网友家折耳猫生了一窝猫崽，发朋友圈显摆，结果却被气到了 </a></li> <li> <a href="/a/707584539_100128668?scm=1102.xchannel:1061:110036.0.1.0~9010.8000.0.0.679" target=_blank title="你之所以喜欢养龟，就是冲着这些去的"> 你之所以喜欢养龟，就是冲着这些去的 </a></li> <li> <a href="/a/707330596_121167569?scm=1102.xchannel:1061:110036.0.1.0~9010.8000.0.0.679" target=_blank title="灰头土脸的流浪猫，不停追着人求收养，一个月后美出天际！"> 灰头土脸的流浪猫，不停追着人求收养，一个月后美出天际！ </a></li> <li> <a href="/a/706892234_120563021?scm=1102.xchannel:1061:110036.0.1.0~9010.8000.0.0.679" target=_blank title="柴犬总在宝宝睡觉时跳上床，妈妈非常担心，靠近一看眼泪夺眶而出"> 柴犬总在宝宝睡觉时跳上床，妈妈非常担心，靠近一看眼泪夺眶而出 </a></li> <li> <a href="/a/706898023_120563021?scm=1102.xchannel:1061:110036.0.1.0~9010.8000.0.0.679" target=_blank title="这么可爱的比熊，你的心有没有被萌化？"> 这么可爱的比熊，你的心有没有被萌化？ </a></li> <li name=textAd class=textAd data-role="pets"></li> </ul></div></div></div><div class="main-box main-boxG clearfix"> <div class="main-left acg-news left"><div class=title-cut data-spm="acg-nav"> <span class=tt><a href="//acg.sohu.com" target=_blank>动漫</a></span> <span class=link><a href="https://www.sohu.com/xchannel/TURBd01EQXdNekk0?scm=1103.plate:431:0.0.2.0" target=_blank>漫画故事</a></span> <span class=link><a href="https://www.sohu.com/xchannel/TURBd01EQXdN

ek13?scm=1103.plate:431:0.0.2.0" target=_blank>漫画科普</a></span> <span class=link><a
href="https://www.sohu.com/xchannel/TURBd01EQXdP
VFV6?scm=1103.plate:431:0.0.2.0" target=_blank>热番推荐</a></span> </div><div class="picture-group
clearfix" data-spm="acg-pics"><ul> <li class=" "><a
data-param=""
href="/a/707408213_534742?scm=1102.xchannel:1080:1
10036.0.1.0~9010.8000.0.0.2698" target=_blank title="大
咖寄语 | SQUARE ENIX 《GANGAN ONLINE》编辑部编辑
长——河野谦一送来第 17 届新星杯寄语！"> <img
data-
src="//p0.itc.cn/c_fill,w_364,h_182,g_faces,q_70/image
s03/20230729/aceb18e508484199acf29de2234f3354.jp
eg" alt="大咖寄语 | SQUARE ENIX 《GANGAN ONLINE》
编辑部编辑长——河野谦一送来第 17 届新星杯寄语！"
src="//statics.itc.cn/web/static/images/pic/preload.pn
g"> <span class=txt>大咖寄语 | SQUARE ENIX 《
GANGAN ONLINE》编辑部编辑长——河野谦一送来第 17
届新星杯寄语！</span></a></li> <li class=" end"><a
data-param=""
href="/a/707399943_583281?scm=1102.xchannel:1080:1
10036.0.1.0~9010.8000.0.0.2698" target=_blank title="幸
运石动漫 × 斗罗大陆动画｜修罗神戒指上市"> <img
data-
src="//p7.itc.cn/c_fill,w_364,h_182,g_faces,q_70/image
s03/20230729/b4637150f6e449f8b861b282922db9c6.jpe
g" alt="幸运石动漫 × 斗罗大陆动画｜修罗神戒指上市"
src="//statics.itc.cn/web/static/images/pic/preload.pn
g"> <span class=txt>幸运石动漫 × 斗罗大陆动画｜修罗神
戒指上市</span></a></li> </ul></div><div
class=list16><ul data-spm="acg-news"> <li> <a
href="/a/707597351_100263715?scm=1102.xchannel:10
67:110036.0.1.0~9010.8000.0.0.5606" target=_blank
title="令和盖亚没有了，盖亚阿古茹两大至高融合，SSV 形态
诞生"> <strong>令和盖亚没有了，盖亚阿古茹两大至高融合

，SSV 形态诞生</strong> </a></li>   <li> <a href="/a/707591654_356353?scm=1102.xchannel:1067:110036.0.1.0~9010.8000.0.0.5606" target=_blank title="《变形金刚 8》预计上映时间，《哥斯拉大战金刚 2》何时能等到？"> 《变形金刚 8》预计上映时间，《哥斯拉大战金刚 2》何时能等到？ </a></li>   <li> <a href="/a/707590160_120742451?scm=1102.xchannel:1067:110036.0.1.0~9010.8000.0.0.5606" target=_blank title="斗罗大陆 2：难怪唐三绝不允许橘子进入神界，她的狠劲无人能敌"> 斗罗大陆 2：难怪唐三绝不允许橘子进入神界，她的狠劲无人能敌 </a></li>   <li> <a href="/a/707591574_100190895?scm=1102.xchannel:1067:110036.0.1.0~9010.8000.0.0.5606" target=_blank title="霍雨浩要把王冬养成猪？多次牵手发狗粮，小七吐舌卖萌太犯规了"> 霍雨浩要把王冬养成猪？多次牵手发狗粮，小七吐舌卖萌太犯规了 </a></li>   <li> <a href="/a/707588117_120239781?scm=1102.xchannel:1067:110036.0.1.0~9010.8000.0.0.5606" target=_blank title="绝代双骄！古龙神书，天下第一聪明人江小鱼到底有什么个人魅力"> 绝代双骄！古龙神书，天下第一聪明人江小鱼到底有什么个人魅力 </a></li>   <li> <a href="/a/707585637_100164168?scm=1102.xchannel:1067:110036.0.1.0~9010.8000.0.0.5606" target=_blank title="动画电影《数码宝贝大冒险 02 THE BEGINNING》将于 10 月 27 日正式上映"> 动画电影《数码宝贝大冒险 02 THE BEGINNING》将于 10 月 27 日正式上映 </a></li>   <li name=textAd class=textAd data-role="acg"></li> </ul></div></div> <div class="main-left game-news right"><div class=title-cut data-spm="game-nav"> <span class=tt><a href="//game.sohu.com" target=_blank>游戏</a></span>   <span class=link><a href="https://www.sohu.com/xchannel/TURBd01EQXdOek15?scm=1103.plate:432:0.0.2.0" target=_blank>电竞视频</a></span> <span class=link><a href="https://www.sohu.com/xchannel/TURBd01EQXdOek16?scm=1103.plate:432:0.0.2.0" target=_blank>职业

167

选手</a></span> <span class=link><a
href="https://www.sohu.com/xchannel/TURBd01EQXd
Oek0w?scm=1103.plate:432:0.0.2.0" target=_blank>赛
事追踪</a></span> </div><div class="picture-group
clearfix" data-spm="game-pics"><ul> <li class=" "><a
data-param=""
href="/a/707595279_120711645?scm=1102.xchannel:10
64:110036.0.1.0~9010.8000.0.0.663" target=_blank
title="JDG 七擒 BLG 六进决赛，成为 LPL 新晋豪门？ELK 被
搞心态屏蔽 Missing">   <img data-
src="//p1.itc.cn/c_fill,w_364,h_182,g_faces,q_70/image
s01/20230731/4257cbfb6f394f6fb3dd6e24fbc1d5f2.jpeg
" alt="JDG 七擒 BLG 六进决赛，成为 LPL 新晋豪门？ELK 被
搞心态屏蔽 Missing"
src="//statics.itc.cn/web/static/images/pic/preload.pn
g"> <span class=txt>JDG 七擒 BLG 六进决赛，成为 LPL 新
晋豪门？ELK 被搞心态屏蔽 Missing</span></a></li> <li
class=" end"><a data-param=""
href="/a/707593973_120944864?scm=1102.xchannel:10
64:110036.0.1.0~9010.8000.0.0.663" target=_blank
title="2023 上海 CJ 游览与攻略">   <img data-
src="//p4.itc.cn/c_fill,w_364,h_182,g_faces,q_70/image
s01/20230731/72ad4bf5bebd4871a8b1728da0cfc963.j
peg" alt="2023 上海 CJ 游览与攻略"
src="//statics.itc.cn/web/static/images/pic/preload.pn
g"> <span class=txt>2023 上海 CJ 游览与攻略
</span></a></li> </ul></div><div class=list16><ul
data-spm="game-news">   <li> <a
href="/a/707595279_120711645?scm=1102.xchannel:10
65:110036.0.1.0~9010.8000.0.0.681" target=_blank
title="JDG 七擒 BLG 六进决赛，成为 LPL 新晋豪门？ELK 被
搞心态屏蔽 Missing"> <strong>JDG 七擒 BLG 六进决赛，
成为 LPL 新晋豪门？ELK 被搞心态屏蔽 Missing</strong>
</a></li>   <li> <a
href="/a/707593973_120944864?scm=1102.xchannel:10
65:110036.0.1.0~9010.8000.0.0.681" target=_blank

title="2023 上海 CJ 游览与攻略"> 2023 上海 CJ 游览与攻略
</a></li>   <li> <a
href="/a/707593865_120711645?scm=1102.xchannel:10
65:110036.0.1.0~9010.8000.0.0.681" target=_blank
title="LPL 季后赛首个 3 比 0！JDG 达成七擒 BLG 成就，首
支 S 赛队伍诞生"> LPL 季后赛首个 3 比 0！JDG 达成七擒
BLG 成就，首支 S 赛队伍诞生 </a></li>   <li> <a
href="/a/707594029_258858?scm=1102.xchannel:1065:1
10036.0.1.0~9010.8000.0.0.681" target=_blank title="《瑞
奇与叮当：分离》成 PS 移植 Steam 第三差的游戏"> 《瑞奇
与叮当：分离》成 PS 移植 Steam 第三差的游戏 </a></li>
<li> <a
href="/a/707590273_120588044?scm=1102.xchannel:10
65:110036.0.1.0~9010.8000.0.0.681" target=_blank title="
天地劫手游：新版本 UP 池汇总分析！是不是有点流水爆发的
潜力？"> 天地劫手游：新版本 UP 池汇总分析！是不是有点
流水爆发的潜力？ </a></li>   <li> <a
href="/a/707591999_628730?scm=1102.xchannel:1065:1
10036.0.1.0~9010.8000.0.0.681" target=_blank title="速通
玩家用 11 个月缔造世界纪录，被"真正的天才"一夕超越">
速通玩家用 11 个月缔造世界纪录，被"真正的天才"一夕超
越 </a></li>   <li name=textAd class=textAd data-
role="game"></li> </ul></div></div>
</div></div><div class="sidebar right"><div class=godR
data-role=godR id=sideAd5></div><div class="author-
subscribe-area clearfix bordR" data-role=author-
subscribe></div><div class="bordR godR" data-
role=godR id=sideAd6></div><div class="bordR fun-
frag clearfix plugin plugin-side-right" data-role=joke-
hot-news style=display:block></div><div class="bordR
godR" data-role=godR id=sideAd7></div><div
class="extend-mod other-modA bordR"></div><div
class="bordR godR" data-role=godR
id=sideAd8></div><div data-role=sohu-focus-list
class="extend-mod other-modB bordR"></div><div
class="bordR godR" data-role=godR

id=sideAd9></div><div class="bordR godR" data-role=god_promotion id=sideAd10></div><div class=god-cut data-role=god_promotion id=sideAd11></div></div></div> <div class="columnAd god-cut area" data-role=god_column id=columnAd8></div> <div class="service-info area clearfix"><div class=report><ul><li><a href=http://www.12377.cn/ target=_blank><img data-src=//statics.itc.cn/web/v3/static/images/pic/service/pic02.gif alt="">中国互联网
举报中心</a></li><li><a href=http://www.bjjubao.org/ target=_blank><img data-src=//statics.itc.cn/web/v3/static/images/pic/service/pic03.gif alt="">北京互联网
举报中心</a></li><li><a href=http://www.bnia.cn target=_blank><img data-src=//statics.itc.cn/web/v3/static/images/pic/service/pic04.gif alt="">北京网络
行业协会</a></li><li><a href=http://www.cyberpolice.cn/ target=_blank><img data-src=//statics.itc.cn/web/v3/static/images/pic/service/pic05.gif alt="">网络 110
报警服务</a></li><li><a href=http://www.isc.org.cn/ target=_blank><img data-src=//statics.itc.cn/web/v3/static/images/pic/service/pic07.gif alt="">中国
互联网协会</a></li><li><a href=http://www.beijing.gov.cn/hudong/yonghu/static/whzf/xinxiang/ target=_blank><img data-src=//statics.itc.cn/web/v3/static/images/pic/service/pic08.gif alt="">北京文化市
场举报热线</a></li><li><a href=http://www.baom.com.cn/ target=_blank><img data-src=//statics.itc.cn/web/v3/static/images/pic/service/pic09.gif alt="">首都互联
网协会</a></li><li><div><img data-src=//statics.itc.cn/mptc-mpfe/img/mp-fe/no_barrier.png alt=适老化无障碍服务 style=width:80%;margin-top:-7px></div></li></ul></div><div class="license clearfix"><div class="left boxA"><p><a

href=http://h5.sohu.com/about/valueAddLicence.html target=_blank>增值电信业务经营许可证 B1-20090148</a></p><p><a href=https://www.sohu.com/upload/uiue20201225/network_license.pdf target=_blank>网络文化经营许可证 京网文【2020】5769-1130 号</a></p><p><a target=_blank href="http://www.beian.gov.cn/portal/registerSystemInfo?recordcode=11000002000011"><img style=width:17px;height:17px data-src=http://www.sohu.com/upload/images/server/ghs.png>京公网安备 11000002000011 号</a></p><p><a href=http://www.creditchina.gov.cn/ target=_blank>信用中国</a></p></div><div class="left boxB"><p><a href=//h5.sohu.com/about/icp.html target=_blank>京 ICP 证 030367 号</a></p><p><a href=//www.sohu.com/upload/uiue20210914/xkz_sohu.pdf target=_blank>互联网新闻信息服务许可证</a></p><p><a href=https://www.sohu.com/upload/uiue20220510/chubanwu.pdf target=_blank>出版物经营许可证</a></p><p><a href=http://py.qianlong.com/ target=_blank>北京地区网站联合辟谣平台</a></p></div><div class="left boxC"><p><a href=https://beian.miit.gov.cn target=_blank>京 ICP 证 030367 号-1</a></p><p><a href=javascript:void(0) id=internetPass>网络出版服务许可证</a></p><p><a href=//h5.sohu.com/about/beian.html target=_blank>工商备案公示信息</a></p><p><a href=https://www.piyao.org.cn/ target=_blank>中国互联网联合辟谣平台</a></p></div><div class="left boxD"><p><a href=//h5.sohu.com/about/PharmaceuticalCertificate.html target=_blank>互联网药品信息服务资格证书 (京)经营性-2014-0013</a></p><p><a href=https://www.sohu.com/upload/uiue20210323/radi

```
o_license.pdf target=_blank>广播电视节目制作经营许可
证(京)字第 434 号</a></p><p><a
href=https://www.sohu.com/upload/uiue20210928/vz_s
ohu.pdf target=_blank>信息网络传播视听节目许可证
</a></p><p><a
href=https://www.sohu.com/upload/uiue20220902/zon
gjiaoxinxifuwu.pdf target=_blank>互联网宗教信息服务许
可证京（2022）0000077</a></p></div></div><div
class="hotline clearfix"><div class="left wdA">客服投诉热
线：010-62726666</div><div class="left wdB">违法和不
良信息举报电话：4006809007</div><div class="left
wdC">广告投诉电话：4008905505</div><div class="left
wdD">客服邮箱：<a
href=mailto:kf@vip.sohu.com>kf@vip.sohu.com</a></
div><div class="left wdE">举报邮箱：<a
href=mailto:jubaosohu@sohu-
inc.com>jubaosohu@sohu-
inc.com</a></div></div></div> <footer class="footer
area"><p><a href=http://pay.sohu.com/ target=_blank
rel=nofollow>支付中心</a> - <a
href=http://hr.sohu.com/ target=_blank rel=nofollow>
搜狐招聘</a> - <a href=http://ad.sohu.com/
target=_blank rel=nofollow>广告服务</a> - <a
href=//intro.sohu.com/contact target=_blank
rel=nofollow>联系方式</a> - <a
href=http://investors.sohu.com/ target=_blank
rel=nofollow>About SOHU</a> - <a
href=//intro.sohu.com target=_blank rel=nofollow>公司
介绍</a> - <a
href=//m.sohu.com/xchannel/TURBd01EQXdNekky
target=_blank rel=nofollow>隐私政策</a> - <a
href=https://www.sohu.com/upload/uiue20220729/pin
gtaigongyue.pdf target=_blank>搜狐平台公约
</a></p><p>Copyright © 2023 Sohu All Rights
Reserved. 搜狐公司 <a href=//intro.sohu.com/copyright
target=_blank rel=nofollow>版权所有</a></p></footer>
```

<div id=float-btn class=float-links></div><div id=pop-news class=pop-news></div></div><script>window.PcHomeClientData = {"AuthorSubscribe":{"comp":{"compName":"AuthorSubscribe","compLibName":"mptcfe-fasttpl-components-pchome","compCisVersion":"V4","compCode":"AuthorSubscribe","compId":null,"compVersion":null},"description":"搜狐号区块","isOptional":false,"disabled":false,"attrs":[{"attr":"spmCCode","description":"C 码","disabled":false,"isOptional":false,"type":"DevDefaults","defaultValue":"author-subscribe","allSetting_attrType":"string","dataType":"","value":"author-subscribe"},{"attr":"title","description":"标题","disabled":false,"isOptional":false,"type":"ContentStaticConfig","allSetting_attrType":"string","dataType":"","value":"AuthorSubscribe_title"},{"attr":"url","description":"标题跳转链接","disabled":false,"isOptional":false,"type":"ContentStaticConfig","allSetting_attrType":"string","dataType":"","value":"AuthorSubscribe_url"},{"attr":"data","description":"内容流","disabled":false,"isOptional":false,"type":"ContentStaticConfig","allSetting_attrType":"object","dataType":"","attrType":3,"value":"AuthorSubscribe_data"}],"param":{"spmCCode":"author-subscribe","title":"搜狐号","url":"https://www.sohu.com/xtopic/TURBd05EUXlOams1","data":{"SIZE":5,"CONTENTKEY":"搜狐号-瞰风向","CONTENTTYPE":"topic","CONTENTID":442699,"CONTENTURL":"http://m.sohu.com/xtopic/TURBd05EUXlOams1","CONTENTPARAMS":"","CONTENTCONTEXT":{"mkey":""}},"spmCCode_1_fd":"author-subscribe"}},"SportsMatch":{"comp":{"compName":"SportsMatch","compLibName":"mptcfe-fasttpl-components-pchome","compCisVersion":"V4","compCode":"SportsMatch","compId":null,"compVersion":null},"description":"赛

事直播区块

","isOptional":false,"disabled":false,"attrs":[{"attr":"newsData1","description":"精彩回放内容源

","disabled":false,"isOptional":false,"type":"ContentStaticConfig","allSetting_attrType":"object","dataType":"","attrType":3,"value":"SportsMatch_liveMatchData"},{"attr":"newsData2","description":"精彩回放内容源

","disabled":false,"isOptional":false,"type":"ContentStaticConfig","allSetting_attrType":"object","dataType":"","attrType":3,"value":"SportsMatch_replayMatchData"}],"param":{"newsData1":{"SIZE":6,"CONTENTKEY":"PC 首页赛程数据

","CONTENTTYPE":"block","CONTENTID":459,"CONTENTURL":null,"CONTENTPARAMS":"[{\"queryName\":\"filter4\",\"queryValue\":\"2022\"}]","CONTENTCONTEXT":{"mkey":"$$"}},"newsData2":{"SIZE":6,"CONTENTKEY":"PC 赛程回放数据

","CONTENTTYPE":"block","CONTENTID":459,"CONTENTURL":null,"CONTENTPARAMS":"[{\"queryName\":\"filter4\",\"queryValue\":\"2022\"}]","CONTENTCONTEXT":{"mkey":"$$"}},"spmCCode_1_news":"sports-matchList","spmCCode_2_news":"sports-matchList"}},"Business":{"comp":{"compName":"Business","compLibName":"mptcfe-fasttpl-components-pchome","compCisVersion":"V4","compCode":"Business","compId":null,"compVersion":null},"description":"财经大

频道区块

","isOptional":false,"disabled":false,"attrs":[{"attr":"spmCCode","description":"C 码

","disabled":false,"isOptional":false,"type":"DevDefaults","defaultValue":"business","allSetting_attrType":"string","dataType":"","value":"business"},{"attr":"data1","description":"内容流

","disabled":false,"isOptional":false,"type":"ContentStaticConfig","allSetting_attrType":"object","dataType":"FROMCIS","attrType":3,"value":"Business_0_0_pc_1653032450239_data1"},{"attr":"data2","description":"焦点图

","disabled":false,"isOptional":false,"type":"ContentStatic
Config","allSetting_attrType":"object","dataType":"FROM
CIS","attrType":3,"value":"Business_0_0_pc_165303245023
9_data2"},{"attr":"data5","description":"导航
","disabled":false,"isOptional":false,"type":"ContentStatic
Config","allSetting_attrType":"object","dataType":"FROM
CIS","attrType":3,"value":"Business_0_0_pc_165303245023
9_data5"},{"attr":"focusData2","description":"宏观焦点图
","disabled":false,"isOptional":false,"type":"ContentStatic
Config","allSetting_attrType":"object","attrType":3,"value"
:"Business_0_0_pc_1653032450239_focusData2"},{"attr":"
newsData2","description":"宏观内容流
","disabled":false,"isOptional":false,"type":"ContentStatic
Config","allSetting_attrType":"object","attrType":3,"value"
:"Business_0_0_pc_1653032450239_newsData2"},{"attr":"f
ocusData3","description":"理财焦点图
","disabled":false,"isOptional":false,"type":"ContentStatic
Config","allSetting_attrType":"object","attrType":3,"value"
:"Business_0_0_pc_1653032450239_focusData3"},{"attr":"
newsData3","description":"理财内容流
","disabled":false,"isOptional":false,"type":"ContentStatic
Config","allSetting_attrType":"object","attrType":3,"value"
:"Business_0_0_pc_1653032450239_newsData3"},{"attr":"f
ocusData4","description":"股票焦点图
","disabled":false,"isOptional":false,"type":"ContentStatic
Config","allSetting_attrType":"object","attrType":3,"value"
:"Business_0_0_pc_1653032450239_focusData4"},{"attr":"
newsData4","description":"股票内容流
","disabled":false,"isOptional":false,"type":"ContentStatic
Config","allSetting_attrType":"object","attrType":3,"value"
:"Business_0_0_pc_1653032450239_newsData4"}],"para
m":{"spmCCode":"business","data1":{"CONTENTKEY":"替
补数据-财经流
","CONTENTTYPE":"block","CONTENTID":542,"CONTENTURL
":"http://m.sohu.com/xtopic/TURBd05ETTRNVEF5","CONT
ENTPARAMS":"","CONTENTCONTEXT":{"mkey":"$$"},"data":
[{"resourceData":{"businessType":1,"contentData":{"beB

old":false,"extraData":[],"pv":930280,"templateInfo":{"imgWidth":979,"imgHeight":619,"url":"//p6.itc.cn/images01/20230730/881de8f3548c424a85cd6b29e456ac3a.png"},"columnNewsIds":[],"title":"莫迪：建立全球供应链，还有哪个国家比印度更可靠？
","coverMd5":{"c1be3d2272f1cac8":"//p6.itc.cn/images01/20230730/881de8f3548c424a85cd6b29e456ac3a.png"},"cover":["//p4.itc.cn/images03/20230730/9a5faf581d1049178259e2b73f056d06.png","//p6.itc.cn/q_70,c_lfill,w_228,h_148,g_faces/images01/20230730/881de8f3548c424a85cd6b29e456ac3a.jpg"],"postTime":1690651501000,"authorCover":"//p9.itc.cn/mpbp/pro/20220516/f5c3beb29b6e49efa8498dfc4916d42b.jpeg","id":707450803,"scm":"1103.plate:542:0.0.1_1.0.","contentType":2,"channelId":15,"brief":"据悉，发生在本月中旬的"印度富士康出局事件"印度引起舆论热议，也让很多国家对印度投资环境和安全性提出质疑。当时富士康发布了一则声明称，他们和印度的合作计划虽然为双方带来了"经验"，但现在决定退出。港媒提及这件…
","comments":0,"authorId":121400037,"secureScore":100,"url":"/a/707450803_121400037?scm=1103.plate:542:0.0.1_1.0.","extraInfoList":[{"image":"//p9.itc.cn/mpbp/pro/20220516/f5c3beb29b6e49efa8498dfc4916d42b.jpeg","text":"Weapo...","url":"http://mp.sohu.com/profile?xpt=NmNiMWUwYjYtOTljZS00ODM2LThlZGQtNjVlNTcwNWI3ZDhm"},{"image":"time","text":"昨天
01:25","url":""},{"image":"pv","text":"93.0 万+阅读
","url":""}],"operateList":[{"count":0,"action":"comment","text":""}],"tagList":[{"code":1,"text":"原创
"}],"authorName":"Weapon 肖宁
","authorHomePage":"http://mp.sohu.com/profile?xpt=NmNiMWUwYjYtOTljZS00ODM2LThlZGQtNjVlNTcwNWI3ZDhm","businessType":1,"extraInfo":"Weapo... · 昨天 01:25 · 93.0 万+阅读
"},"contentType":2,"id":"707450803","titleStyle":""},"resourceType":5},{"resourceData":{"businessType":1,"contentData":{"beBold":false,"extraData":[],"pv":834652,"templateI

nfo":{"imgWidth":800,"imgHeight":809,"url":"https://p7.itc.cn/q_70/images03/20230730/be75a301e46f4430a13bfa117e9c0a8a.jpeg"},"columnNewsIds":[],"title":"90 后为何如此沉迷刮刮乐？5 个月全国共销售彩票 2251 亿元","coverMd5":{"89f15e7609a338cb":"https://p7.itc.cn/q_70/images03/20230730/be75a301e46f4430a13bfa117e9c0a8a.jpeg"},"cover":["//p0.itc.cn/images03/20230730/ba8bdc4f890046599f69a1d0605bcf3e.jpeg","https://p7.itc.cn/q_70,c_lfill,w_228,h_148,g_faces/images03/20230730/be75a301e46f4430a13bfa117e9c0a8a.jpeg"],"postTime":1690675219000,"authorCover":"//p3.itc.cn/mpbp/pro/20211214/0ec6fd5545084f76a803c965bb6b6041.png","id":707469283,"scm":"1103.plate:542:0.0.1_1.0","contentType":2,"channelId":15,"brief":"《华夏时报》记者在高德地图上以"体育彩票"为关键词搜索时发现，上百条关于体育彩票的门店地址几乎都在地铁站或者商场、超市附近。当被问及放弃兑换现金的原因，他直言，"来彩票店就是图开心，不是为了中奖，这其实是一种…","comments":2,"authorId":121284943,"secureScore":100,"url":"/a/707469283_121284943?scm=1103.plate:542:0.0.1_1.0","extraInfoList":[{"image":"//p3.itc.cn/mpbp/pro/20211214/0ec6fd5545084f76a803c965bb6b6041.png","text":"极目新闻","url":"http://mp.sohu.com/profile?xpt=MTE0NWMwMDMtYmVjNS00YzJmLWE2MjEtNTc2YWQxYWQ5Nzc2"},{"image":"time","text":"17 小时前","url":""},{"image":"pv","text":"83.5 万+阅读","url":""}],"operateList":[{"count":2,"action":"comment","text":"2"}],"authorName":"极目新闻","authorHomePage":"http://mp.sohu.com/profile?xpt=MTE0NWMwMDMtYmVjNS00YzJmLWE2MjEtNTc2YWQxYWQ5Nzc2","businessType":1,"extraInfo":"极目新闻 · 17 小时前 · 83.5 万+阅读"},"contentType":2,"id":"707469283","titleStyle":""},"resourceType":5},{"resourceData":{"businessType":1,"contentData":{"beBold":false,"extraData":[],"pv":742928,"templateInfo":{"imgWidth":1176,"imgHeight":719,"url":"//p1.itc.cn/i

mages01/20230729/93cc961601494665afdfa27a69a81
ac8.jpeg"},"columnNewsIds":[550773845,550773767,550
745367,550745087],"title":"越南出口又崩了：7个月 1947.3
亿美元，下滑 11%！
","coverMd5":{"aaf91ba25726807d":"//p1.itc.cn/images
01/20230729/93cc961601494665afdfa27a69a81ac8.jpe
g"},"cover":["//p3.itc.cn/images03/20230730/8ff90a46a
78a4335b91b33c937894219.jpeg","//p1.itc.cn/q_70,c_lfi
ll,w_228,h_148,g_faces/images01/20230729/93cc96160
1494665afdfa27a69a81ac8.jpeg"],"postTime":169064230
1000,"authorCover":"//5b0988e595225.cdn.sohucs.com
/a_auto,c_cut,x_0,y_0,w_500,h_500/images/20200327/1
67d77cbb4e54a8d82caf8d2e8f96d03.png","id":7074335
97,"scm":"1103.plate:542:0.0.1_1.0","contentType":2,"cha
nnelId":15,"brief":"越南出口又崩了：7个月 1947.3 亿美元，
下滑 11%！GDP 也要被拖累？
","comments":0,"authorId":120638089,"secureScore":100,
"url":"/a/707433597_120638089?scm=1103.plate:542:0.0.
1_1.0","extraInfoList":[{"image":"//5b0988e595225.cdn.so
hucs.com/a_auto,c_cut,x_0,y_0,w_500,h_500/images/2
0200327/167d77cbb4e54a8d82caf8d2e8f96d03.png","t
ext":"图表视界
","url":"http://mp.sohu.com/profile?xpt=Njl3YzRlOGQtY
WNjYi00YzI4LWFjMmltNzFiYmFmYTE4NWVh"},{"image":"ti
me","text":"昨天 22:51","url":""},{"image":"pv","text":"74.3 万
+阅读
","url":""}],"operateList":[{"count":0,"action":"comment","te
xt":""}],"tagList":[{"code":1,"text":"原创"}],"authorName":"图
表视界
","authorHomePage":"http://mp.sohu.com/profile?xpt=
Njl3YzRlOGQtYWNjYi00YzI4LWFjMmltNzFiYmFmYTE4NWV
h","businessType":1,"extraInfo":"图表视界 · 昨天 22:51 ·
74.3 万+阅读
"},"contentType":2,"id":"707433597","titleStyle":""},"resourc
eType":5},{"resourceData":{"businessType":1,"contentDa
ta":{"brief":"财联社 7 月 30 日电，阿富汗临时政府外交部副

178

发言人塔克尔当地时间 7 月 29 日发布消息称，由阿富汗临时政府代理外长穆塔基率领的代表团已前往卡塔尔首都多哈与美国官员会面。据悉，美阿双方将讨论取消制裁、将阿临时政府官员…

","beBold":false,"comments":0,"extraData":[],"pv":689481,"columnNewsIds":[],"authorId":222256,"title":"阿富汗官员将就解除制裁等议题与美方谈判

","secureScore":100,"url":"/a/707480355_222256?scm=1103.plate:542:0.0.1_1.0","coverMd5":{},"cover":[],"extraInfoList":[{"image":"http://sucimg.itc.cn/avatarimg/72070dbffd25499b8daa9ccef95b6597_1488865419293","text":"财联社

","url":"http://mp.sohu.com/profile?xpt=c29odXptdG5VbmMhAc29odS5jb20="},{"image":"time","text":"16 小时前","url":""},{"image":"pv","text":"68.9 万+阅读

","url":""}],"operateList":[{"count":0,"action":"comment","text":""}],"postTime":1690680360000,"authorName":"财联社

","authorCover":"http://sucimg.itc.cn/avatarimg/72070dbffd25499b8daa9ccef95b6597_1488865419293","authorHomePage":"http://mp.sohu.com/profile?xpt=c29odXptdG5VbmMhAc29odS5jb20=","id":707480355,"businessType":1,"scm":"1103.plate:542:0.0.1_1.0","contentType":1,"channelId":43,"extraInfo":"财联社 ·16 小时前 ·68.9 万+阅读

"},"contentType":1,"id":"707480355","titleStyle":""},"resourceType":5},{"resourceData":{"businessType":1,"contentData":{"brief":"经济日报北京 7 月 29 日讯（记者常理）国家防总于 29 日 12 时将针对京津冀晋鲁豫 6 省份的防汛应急响应提升至三级，加派 4 个工作组对京津、河北、山西等重点地区和南水北调中线等重要基础设施的防汛工作开展督导检查。据气象…

","beBold":false,"comments":0,"extraData":[],"pv":677722,"columnNewsIds":[],"authorId":118392,"title":"国家防总对6 省市启动防汛三级应急响应

","secureScore":100,"url":"/a/707462808_118392?scm=1103.plate:542:0.0.1_1.0","coverMd5":{},"cover":[],"extraInf

oList":[{"image":"//5b0988e595225.cdn.sohucs.com/a_a
uto,c_cut,x_0,y_0,w_511,h_511/images/20200404/b902
60b8991643a78f27e53d962accdd.jpeg","text":"经济日报
","url":"http://mp.sohu.com/profile?xpt=RjZENjI5NDM3QT
I4NDUwRDVFM0I1RjJGMzg3NDc3NDRAdC5xcS5zb2h1L
mNvbQ=="},{"image":"time","text":"19 小时前
","url":""},{"image":"pv","text":"67.8 万+阅读
","url":""}],"operateList":[{"count":0,"action":"comment","te
xt":""}],"postTime":1690668015000,"authorName":"经济日
报
","authorCover":"//5b0988e595225.cdn.sohucs.com/a_
auto,c_cut,x_0,y_0,w_511,h_511/images/20200404/b90
260b8991643a78f27e53d962accdd.jpeg","authorHome
Page":"http://mp.sohu.com/profile?xpt=RjZENjI5NDM3
QTI4NDUwRDVFM0I1RjJGMzg3NDc3NDRAdC5xcS5zb2h
1LmNvbQ==","id":707462808,"businessType":1,"scm":"110
3.plate:542:0.0.1_1.0","contentType":1,"channelId":43,"e
xtraInfo":"经济日报 ·19 小时前 ·67.8 万+阅读
"},"contentType":1,"id":"707462808","titleStyle":""},"resourc
eType":5},{"resourceData":{"businessType":1,"contentDa
ta":{"beBold":false,"extraData":[],"pv":676114,"templateI
nfo":{"imgWidth":500,"imgHeight":258,"url":"https://p4.itc.
cn/q_70/images03/20230730/33d162bb6ed6487eaba3
d6a690f22e2e.jpeg"},"columnNewsIds":[],"title":"日本
YCC 政策调整，通胀压力仍大：YCC 或难久持
","coverMd5":{"a266d0a32f6ce273":"https://p4.itc.cn/q_
70/images03/20230730/33d162bb6ed6487eaba3d6a69
0f22e2e.jpeg"},"cover":["//p4.itc.cn/images03/20230730
/8dad1856405547edbafa1ef12de9da1e.jpeg","https://
p4.itc.cn/q_70,c_lfill,w_228,h_148,g_faces/images03/20
230730/33d162bb6ed6487eaba3d6a690f22e2e.jpeg"],"
postTime":1690675740000,"authorCover":"//5b0988e595
225.cdn.sohucs.com/a_auto,c_cut,x_8,y_21,w_278,h_2
78/images/20180717/b2ddf7c13bb74556b49d7ba83d4
4210a.jpeg","id":"707471190","scm":"1103.plate:542:0.0.1_1
.0","contentType":2,"channelId":15,"brief":"当前日本通胀
压力仍居高不下，居民对未来的通胀预期也均处于高位，日

央行维持 2%的稳定通胀目标或受到挑战，增加了政策调整的合理性与必要性。日本当前通胀压力仍大，尽管日本央行仍然在等待，但 YCC 政策进一步调整的概率…

","comments":0,"authorId":114984,"secureScore":100,"url":"/a/707471190_114984?scm=1103.plate:542:0.0.1_1.0","extraInfoList":[{"image":"//5b0988e595225.cdn.sohucs.com/a_auto,c_cut,x_8,y_21,w_278,h_278/images/20180717/b2ddf7c13bb74556b49d7ba83d44210a.jpeg","text":"金融界","url":"http://mp.sohu.com/profile?xpt=MTcwNDEwMzE4M0BzaW5hLnNvaUUuY29t"},{"image":"time","text":"17 小时前","url":""},{"image":"pv","text":"67.6 万+阅读","url":""}],"operateList":[{"count":0,"action":"comment","text":""}],"authorName":"金融界","authorHomePage":"http://mp.sohu.com/profile?xpt=MTcwNDEwMzE4M0BzaW5hLnNvaUUuY29t","businessType":1,"extraInfo":"金融界 ·17 小时前 ·67.6 万+阅读"},"contentType":2,"id":"707471190","titleStyle":""},"resourceType":5},{"resourceData":{"businessType":1,"contentData":{"brief":"根据比亚迪 2022 年财报，截止到 2022 年底，其员工总人数为 57 万人，其中研发人员 69697 人，占比 12.23%。美国"裁员"网站公布数据显示，截至 5 月 15 日，今年已有 675 家企业裁员超过 19.3 万人，裁员数…","beBold":false,"comments":0,"extraData":[],"pv":689493,"columnNewsIds":[],"authorId":114984,"title":"硕博比例超 60%，3 万多应届生入职比亚迪","secureScore":100,"url":"/a/707415443_114984?scm=1103.plate:542:0.0.1_1.0","coverMd5":{},"cover":[],"extraInfoList":[{"image":"//5b0988e595225.cdn.sohucs.com/a_auto,c_cut,x_8,y_21,w_278,h_278/images/20180717/b2ddf7c13bb74556b49d7ba83d44210a.jpeg","text":"金融界","url":"http://mp.sohu.com/profile?xpt=MTcwNDEwMzE4M0BzaW5hLnNvaUUuY29t"},{"image":"time","text":"昨天 19:25","url":""},{"image":"pv","text":"68.9 万+阅读","url":""}],"operateList":[{"count":0,"action":"comment","text":""}],"postTime":1690629933000,"authorName":"金融界

","authorCover":"//5b0988e595225.cdn.sohucs.com/a_auto,c_cut,x_8,y_21,w_278,h_278/images/20180717/b2ddf7c13bb74556b49d7ba83d44210a.jpeg","authorHomePage":"http://mp.sohu.com/profile?xpt=MTcwNDEwMzE4M0BzaW5hLnNvaHUuY29t","id":707415443,"businessType":1,"scm":"1103.plate:542:0.0.1_1.0","contentType":1,"channelId":15,"extraInfo":"金融界 ·昨天 19:25 ·68.9 万+阅读

"},"contentType":1,"id":"707415443","titleStyle":""},"resourceType":5},{"resourceData":{"businessType":1,"contentData":{"beBold":false,"extraData":[],"pv":703908,"templateInfo":{"imgWidth":1000,"imgHeight":667,"url":"//p3.itc.cn/q_70/images03/20230730/3595778c102348c69ea8eae5f4da274d.jpeg"},"columnNewsIds":[],"title":"涨幅超 50% ！电车也快开不起了？专家这样看

","coverMd5":{"ef51b1c6518d4d51":"//p3.itc.cn/q_70/images03/20230730/3595778c102348c69ea8eae5f4da274d.jpeg"},"cover":["//p9.itc.cn/images03/20230730/e7ed386d1bd24c338b8bec4bdbfefe67.jpeg","//p3.itc.cn/q_70,c_lfill,w_228,h_148,g_faces/images03/20230730/3595778c102348c69ea8eae5f4da274d.jpeg"],"postTime":1690673599000,"authorCover":"//p6.itc.cn/q_70/images03/20221208/da534bf98f074a808ccb24be7ddb3594.jpeg","id":707467167,"scm":"1103.plate:542:0.0.1_1.0","contentType":2,"channelId":18,"brief":"上海地区一充电桩运营商相关负责人对证券时报记者表示，充电费用的定价是根据接入的电价来的，夏季用电高峰下用电成本提高也是其中一个原因。某充电桩运营商内部人士对记者表示，未来是否会继续涨价还不好说，这取决于市场变…

","comments":0,"authorId":115433,"secureScore":100,"url":"/a/707467167_115433?scm=1103.plate:542:0.0.1_1.0","extraInfoList":[{"image":"//p6.itc.cn/q_70/images03/20221208/da534bf98f074a808ccb24be7ddb3594.jpeg","text":"证券时报

","url":"http://mp.sohu.com/profile?xpt=c29odXptdHRrY3pkZ3b2h1LmNvbQ=="},{"image":"time","text":"18 小时前","url":""},{"image":"pv","text":"70.4 万+阅读

","url":""}],"operateList":[{"count":0,"action":"comment","text":""}],"authorName":"证券时报
","authorHomePage":"http://mp.sohu.com/profile?xpt=c29odXptdHRrRrY3pkZUBzb2h1LmNvbQ==","businessType":1,"extraInfo":"证券时报 ·18 小时前 ·70.4 万+阅读
"},"contentType":2,"id":"707467167","titleStyle":""},"resourceType":5},{"resourceData":{"businessType":1,"contentData":{"beBold":false,"extraData":[],"pv":679804,"templateInfo":{"imgWidth":1080,"imgHeight":497,"url":"//p3.itc.cn/q_70/images03/20230730/9bb38b615c8245389bca9aeb4249b7b9.jpeg"},"columnNewsIds":[],"title":"曾吹牛吹上天，现负债超 1800 亿，这国产品牌还能翻身吗？
","coverMd5":{"f169878e9e9a9161":"//p3.itc.cn/q_70/images03/20230730/9bb38b615c8245389bca9aeb4249b7b9.jpeg"},"cover":["//p2.itc.cn/images03/20230730/1816b7ce1c7546fbbfb8524fc623d1ff.jpeg","//p3.itc.cn/q_70,c_lfill,w_228,h_148,g_faces/images03/20230730/9bb38b615c8245389bca9aeb4249b7b9.jpeg"],"postTime":1690677555000,"authorCover":"//p3.itc.cn/mpbp/pro/20220430/aee4039c2a404f5db19c559a68757099.png","id":707476475,"scm":"1103.plate:542:0.0.1_1.0","contentType":2,"channelId":15,"brief":"恒大汽车在公告中宣称："本集团在可预见的未来将需要获得大量资金，以根据各种合约和其他安排为该等财务责任和资本开支提供资金。根据资料显示，恒大汽车已获得超过 2632 件研究专利授权，覆盖整车制造、底盘研发、智能网…
","comments":0,"authorId":390502,"secureScore":100,"url":"/a/707476475_390502?scm=1103.plate:542:0.0.1_1.0","extraInfoList":[{"image":"//p3.itc.cn/mpbp/pro/20220430/aee4039c2a404f5db19c559a68757099.png","text":"一起去
SUV","url":"http://mp.sohu.com/profile?xpt=aXlvdXJkYWlseUBzb2h1LmNvbQ=="},{"image":"time","text":"16 小时前
","url":""},{"image":"pv","text":"68.0 万+阅读
","url":""}],"operateList":[{"count":0,"action":"comment","text":""}],"authorName":"一起去

SUV","authorHomePage":"http://mp.sohu.com/profile?x
pt=aXlvdXJkYWIseUBzb2h1LmNvbQ==","businessType":1
,"extraInfo":"一起去 SUV ·16 小时前 ·68.0 万+阅读
"},"contentType":2,"id":"707476475","titleStyle":""},"resourc
eType":5},{"resourceData":{"businessType":1,"contentDa
ta":{"brief":"但这三款车都没能继续汉兰达的神话，据搜狐汽
车数据统计，三款新车 2022 年累计销量约 20 万辆，约占广
汽丰田 2022 年销量的五分之一。成立近 20 年，广汽丰田在
中国汽车市场上一度通过凯美瑞、汉兰达等爆款车型牢牢占
据…
","beBold":false,"comments":0,"extraData":[],"pv":240972
,"columnNewsIds":[],"authorId":114984,"title":"广汽丰田裁
员风波背后：内部人士称下半年暂无全新车型推出计划
","secureScore":100,"url":"/a/707476357_114984?scm=11
03.plate:542:0.0.1_1.0","coverMd5":{},"cover":[],"extraInf
oList":[{"image":"//5b0988e595225.cdn.sohucs.com/a_a
uto,c_cut,x_8,y_21,w_278,h_278/images/20180717/b2d
df7c13bb74556b49d7ba83d44210a.jpeg","text":"金融界
","url":"http://mp.sohu.com/profile?xpt=MTcwNDEwMzE
4M0BzaW5hLnNvaHUuY29t"},{"image":"time","text":"16 小
时前","url":""},{"image":"pv","text":"24.1 万+阅读
","url":""}],"operateList":[{"count":0,"action":"comment","te
xt":""}],"postTime":1690678442000,"authorName":"金融界
","authorCover":"//5b0988e595225.cdn.sohucs.com/a_
auto,c_cut,x_8,y_21,w_278,h_278/images/20180717/b2
ddf7c13bb74556b49d7ba83d44210a.jpeg","authorHom
ePage":"http://mp.sohu.com/profile?xpt=MTcwNDEwM
zE4M0BzaW5hLnNvaHUuY29t","id":"707476357","businessTy
pe":1,"scm":"1103.plate:542:0.0.1_1.0","contentType":1,"c
hannelId":18,"extraInfo":"金融界 ·16 小时前 ·24.1 万+阅读
"},"contentType":1,"id":"707476357","titleStyle":""},"resourc
eType":5},{"resourceData":{"businessType":1,"contentDa
ta":{"brief":"松下是第一家在美国建立大型电动汽车电池工厂
的企业，该公司高层今年接受媒体采访时也表示，美国推动
本土电动汽车电池生产，最大的问题是存在严重的产业工人
短缺。美国制造商协会首席执行官杰伊表示，制造业平均薪

酬在过去一…

","beBold":false,"comments":0,"extraData":[],"pv":241722
,"columnNewsIds":[],"authorId":237556,"title":"美国工厂很
缺人：缺口达 80 万人，年薪 90 万元招不到建筑工
","secureScore":100,"url":"/a/707424392_237556?scm=11
03.plate:542:0.0.1_1.0","coverMd5":{},"cover":["//p5.itc.c
n/images03/20230730/df64d0dd827a4df8b28152fd8f6b
c04f.png","https://p5.itc.cn/q_70,c_lfill,w_228,h_148,g_f
aces/images03/20230729/6e5ec7c5df7a4b46bfbbd54
eaa957767.jpg"],"extraInfoList":[{"image":"http://sucimg.i
tc.cn/avatarimg/ea9db072d5114552a24ffc65211d04b
a_1440064277155","text":"时代周报
","url":"http://mp.sohu.com/profile?xpt=MTY0NDExOTE5
MEBzaW5hLnNvaHUuY29t"},{"image":"time","text":"昨天
20:38","url":""},{"image":"pv","text":"24.2 万+阅读
","url":""}],"operateList":[{"count":0,"action":"comment","te
xt":""}],"postTime":1690634305000,"authorName":"时代周
报
","authorCover":"http://sucimg.itc.cn/avatarimg/ea9db
072d5114552a24ffc65211d04ba_1440064277155","autho
rHomePage":"http://mp.sohu.com/profile?xpt=MTY0ND
ExOTE5MEBzaW5hLnNvaHUuY29t","id":707424392,"busin
essType":1,"scm":"1103.plate:542:0.0.1_1.0","contentType
":2,"channelId":8,"extraInfo":"时代周报 ·昨天 20:38 ·24.2
万+阅读
"},"contentType":2,"id":"707424392","titleStyle":""},"resourc
eType":5},{"backupContent":{"resourceData":{"businessT
ype":1,"contentData":{"beBold":false,"extraData":[],"pv":
1115,"templateInfo":{"imgWidth":660,"imgHeight":440,"url
":"//p7.itc.cn/q_70/images01/20230702/a7489a5121174
4ec89a92f11f43302ae.png"},"columnNewsIds":[5550871
910],"title":"搜狐快消周报｜传闻蜜雪冰城等 6 家茶饮赴境外
IPO；复星再出售 5%金徽酒股权
","coverMd5":{"8ad93d2ac8d4362f":"//p7.itc.cn/q_70/i
mages01/20230702/a7489a51211744ec89a92f11f43302
ae.png"},"cover":["//p8.itc.cn/images03/20230730/c6e8
925e27464895b48c56770e3360ed.png","//p7.itc.cn/q_7

0,c_lfill,w_228,h_148,g_faces/images01/20230702/a748
9a51211744ec89a92f11f43302ae.jpg"],"postTime":16906
80449000,"authorCover":"//5b0988e595225.cdn.sohucs.
com/a_auto,c_cut,x_0,y_0,w_512,h_512/images/20190
404/d3ac90516fb14ebb878cc29ef7189829.png","id":707
481019,"scm":"1103.plate:542:0.0.1_1.0","contentType":2,
"channelId":15,"brief":"本周看点：①国内 6 家奶茶店被指有
境外 IPO 计划；②郭广昌再出售金徽酒 5%股权，交易总价近
6 亿元；③山西汾酒、可口可乐等发布半年报业绩；④乐乐
茶进一步开放江浙加盟。
","comments":0,"authorId":100001551,"secureScore":100,
"url":"/a/707481019_100001551?scm=1103.plate:542:0.0.
1_1.0","extraInfoList":[{"image":"//5b0988e595225.cdn.so
hucs.com/a_auto,c_cut,x_0,y_0,w_512,h_512/images/2
0190404/d3ac90516fb14ebb878cc29ef7189829.png","t
ext":"搜狐财经
","url":"http://mp.sohu.com/profile?xpt=c29odWNqeW
MyMDE3QHNvaHUuY29t"},{"image":"time","text":"16 小时
前","url":""},{"image":"pv","text":"1115 阅读
","url":""}],"operateList":[{"count":0,"action":"comment","te
xt":""}],"authorName":"搜狐财经
","authorHomePage":"http://mp.sohu.com/profile?xpt=
c29odWNqeWMyMDE3QHNvaHUuY29t","businessType":
1,"extraInfo":"搜狐财经 ·16 小时前 ·1115 阅读
"},"contentType":2,"id":"707481019","titleStyle":""},"resourc
eType":5,"resourceType":3}],"URL":"/xtopic/TURBd05ETTR
NVEF5"},"data2":{"CONTENTKEY":"替补数据-财经焦点图
","CONTENTTYPE":"block","CONTENTID":541,"CONTENTURL
":"http://m.sohu.com/xtopic/TURBd05ETTRNVEF3","CONT
ENTPARAMS":"","CONTENTCONTEXT":{"mkey":"$$"},"data":
[{"resourceData":{"businessType":1,"contentData":{"beB
old":false,"extraData":[],"pv":1107581,"templateInfo":{"im
gWidth":1075,"imgHeight":717,"url":"//p5.itc.cn/images0
1/20230728/67facbcd7a1c4d1eb534c6b32a7b814f.jpe
g"},"icon":"video","columnNewsIds":[550637906],"title":"每
年超 1000 万人花钱去迪士尼排队 什么心态？
","coverMd5":{"ef1e85871f1a2e05":"//p5.itc.cn/images0

1/20230728/67facbcd7a1c4d1eb534c6b32a7b814f.jpe
g"},"videoHeight":1080,"cover":["//p6.itc.cn/images03/2
0230730/f97493780c7c42c19b1b9e87c99d93da.jpeg","
http://e3f49eaa46b57.cdn.sohucs.com/c_pad,w_160,h
_90,blur_80/sscs/2023/7/27/14/21/6_189a9e9eee3g41Sy
sCutcloudSrcimag_465649313_7_4b.jpg"],"videoWidth":
1920,"postTime":1690682671000,"total":"03:44","authorCo
ver":"//5b0988e595225.cdn.sohucs.com/a_auto,c_cut,x
_37,y_51,w_416,h_416/images/20190807/445c9fd0384d
4841a3ad85ee823f35cb.jpeg","id":706998619,"scm":"110
3.plate:541:0.0.1_1.0","contentType":5,"channelId":43,"br
ief":"排队心理学：游乐园如何将你玩弄于股掌间
","comments":1,"authorId":157078,"secureScore":100,"url"
:"/a/706998619_157078?scm=1103.plate:541:0.0.1_1.0","
extraInfoList":[{"image":"//5b0988e595225.cdn.sohucs.c
om/a_auto,c_cut,x_37,y_51,w_416,h_416/images/2019
0807/445c9fd0384d4841a3ad85ee823f35cb.jpeg","text"
:"搜狐四象工
...","url":"http://mp.sohu.com/profile?xpt=NzJCMERBNU
NDN0NEODJBOTkwMTZFMkM2NkU3REM3QjBAcXEuc29
odS5jb20="},{"image":"time","text":"15 小时前
","url":""},{"image":"pv","text":"110.8 万+阅读
","url":""}],"operateList":[{"count":1,"action":"comment","te
xt":"1"}],"tagList":[{"code":1,"text":"原创"}],"authorName":"
搜狐四象工作室
","authorHomePage":"http://mp.sohu.com/profile?xpt=
NzJCMERBNUNDN0NEODJBOTkwMTZFMkM2NkU3REM3
QjBAcXEuc29odS5jb20=","businessType":1,"extraInfo":"搜
狐四象工... ·15 小时前 ·110.8 万+阅读
"},"contentType":5,"id":"706998619","titleStyle":""},"resourc
eType":5},{"resourceData":{"businessType":1,"contentDa
ta":{"beBold":false,"extraData":[],"pv":234248,"templateI
nfo":{"imgWidth":1239,"imgHeight":826,"url":"//p2.itc.cn/i
mages01/20230730/7b4324a653004a318543464752b5f6
cc.jpeg"},"columnNewsIds":[],"title":"西媒：西班牙银行业
巨头 BBVA 上半年利润增长
31%","coverMd5":{"bfd2c0e0253b1b9c":"//p2.itc.cn/ima

ges01/20230730/7b4324a653004a318543464752b5f6cc.
jpeg"},"cover":["//p3.itc.cn/images03/20230730/1ccfd3
2671cd4d48a4879c756e2b79e3.jpeg","//p2.itc.cn/q_70
,c_lfill,w_228,h_148,g_faces/images01/20230730/7b432
4a653004a318543464752b5f6cc.jpeg"],"postTime":16906
83459000,"authorCover":"//p1.itc.cn/mpbp/pro/202107
16/e02117b11376486194af5a2dcd1427fe.png","id":7074
87871,"scm":"1103.plate:541:0.0.1_1.0","contentType":2,"
channelId":46,"brief":"中国经济报导 西班牙银行业巨头
BBVA 报告上半年净利润增长 31%。该机构利用利率上升的
机会，推出了 10 亿欧元的大规模股票回购计划。
","comments":0,"authorId":121151945,"secureScore":100,
"url":"/a/707487871_121151945?scm=1103.plate:541:0.0.
1_1.0","extraInfoList":[{"image":"//p1.itc.cn/mpbp/pro/20
210716/e02117b11376486194af5a2dcd1427fe.png","tex
t":"全国商报联
...","url":"http://mp.sohu.com/profile?xpt=Y2E1NzIlN2QtYj
dkMi00ZDAwLWJlOTktNmRhYjYxZWVlNzZl"},{"image":"tim
e","text":"15 小时前","url":""},{"image":"pv","text":"23.4 万+阅
读
","url":""}],"operateList":[{"count":0,"action":"comment","te
xt":""}],"authorName":"全国商报联合会
","authorHomePage":"http://mp.sohu.com/profile?xpt=
Y2E1NzIlN2QtYjdkMi00ZDAwLWJlOTktNmRhYjYxZWVlNzZl
","businessType":1,"extraInfo":"全国商报联... ·15 小时前 ·
23.4 万+阅读
"},"contentType":2,"id":"707487871","titleStyle":""},"resourc
eType":5,{"resourceData":{"businessType":1,"contentDa
ta":{"beBold":false,"extraData":[],"pv":244542,"columnNe
wsIds":[],"title":"喜提阿里站台之后，圆通速递却陷入阵痛期
","coverMd5":{"8a8839e936aa4ebe":"//p7.itc.cn/images
01/20230730/7a197437dee842939b24b0f100dc58e2.pn
g"},"cover":["//p3.itc.cn/images03/20230730/8a3c9be4
b0cc40e8b1bb02c3a8995f9c.png","//p7.itc.cn/q_70,c_l
fill,w_228,h_148,g_faces/images01/20230730/7a197437
dee842939b24b0f100dc58e2.jpg"],"postTime":16906812
52000,"authorCover":"http://sucimg.itc.cn/avatarimg/6

f7fa0727f32407f824b982c4e567c20_1486863775749","id":707482144,"scm":"1103.plate:541:0.0.1_1.0","contentType":2,"channelId":15,"brief":"就圆通速递本身而言，其在2022 年 Q1 的总营收也有 118.28 亿，同比增速达到了32.01%，如今的圆通速递营收增速仅为个位数，凸显的是其市场份额的日渐饱和、市场需求的不断下滑，这或许也是圆通速递加大在其他产⋯","comments":0,"authorId":115386,"secureScore":100,"url":"/a/707482144_115386?scm=1103.plate:541:0.0.1_1.0","extraInfoList":[{"image":"http://sucimg.itc.cn/avatarimg/6f7fa0727f32407f824b982c4e567c20_1486863775749","text":"互联网分析...","url":"http://mp.sohu.com/profile?xpt=eHlsejYyNkBzb2h1LmNvbQ=="},{"image":"time","text":"15 小时前","url":""},{"image":"pv","text":"24.5 万+阅读","url":""}],"operateList":[{"count":0,"action":"comment","text":""}],"tagList":[{"code":1,"text":"原创"}],"authorName":"互联网分析师于斌","authorHomePage":"http://mp.sohu.com/profile?xpt=eHlsejYyNkBzb2h1LmNvbQ==","businessType":1,"extraInfo":"互联网分析... ·15 小时前 ·24.5 万+阅读"},"contentType":2,"id":"707482144","titleStyle":""},"resourceType":5}],"URL":"/xtopic/TURBd05ETTRNVEF3"},"data5":{"SIZE":5,"CONTENTKEY":"财经副导航","CONTENTTYPE":"block","CONTENTID":415,"CONTENTURL":null,"CONTENTPARAMS":"","CONTENTCONTEXT":{"mkey":"$$"},"data":[{"resourceData":{"businessType":55,"contentData":{"cover":[],"beBold":false,"id":7449,"title":"行业","url":"https://business.sohu.com/996?scm=1103.plate:415:0.0.2.0","coverMd5":{},"routeName":"行业"},"contentType":1,"id":"7449","titleStyle":""},"resourceType":5},{"resourceData":{"businessType":55,"contentData":{"cover":[],"beBold":false,"id":7450,"title":"经营管理","url":"https://business.sohu.com/995?scm=1103.plate:415:0.0.2.0","coverMd5":{},"routeName":"经营管理"},"contentType":1,"id":"7450","titleStyle":""},"resourceType

":5}],"URL":""},"focusData2":{"SIZE":3,"CONTENTKEY":"宏观焦点图","CONTENTTYPE":"channel","CONTENTID":1432,"CONTENTURL":"http://www.sohu.com/xchannel/TURBd01EQXhORE15","CONTENTPARAMS":"","CONTENTCONTEXT":{"mkey":""}},"newsData2":{"SIZE":12,"CONTENTKEY":"宏观流","CONTENTTYPE":"channel","CONTENTID":1433,"CONTENTURL":"http://www.sohu.com/xchannel/TURBd01EQXhORE16","CONTENTPARAMS":"","CONTENTCONTEXT":{"mkey":""}},"focusData3":{"SIZE":3,"CONTENTKEY":"理财焦点图","CONTENTTYPE":"channel","CONTENTID":1434,"CONTENTURL":"http://www.sohu.com/xchannel/TURBd01EQXhORE0w","CONTENTPARAMS":"","CONTENTCONTEXT":{"mkey":""}},"newsData3":{"SIZE":12,"CONTENTKEY":"理财流","CONTENTTYPE":"channel","CONTENTID":1435,"CONTENTURL":"http://www.sohu.com/xchannel/TURBd01EQXhORE0x","CONTENTPARAMS":"","CONTENTCONTEXT":{"mkey":""}},"focusData4":{"SIZE":3,"CONTENTKEY":"股票焦点图","CONTENTTYPE":"channel","CONTENTID":1436,"CONTENTURL":"http://www.sohu.com/xchannel/TURBd01EQXhORE0y","CONTENTPARAMS":"","CONTENTCONTEXT":{"mkey":""}},"newsData4":{"SIZE":12,"CONTENTKEY":"股票流","CONTENTTYPE":"channel","CONTENTID":1437,"CONTENTURL":"http://www.sohu.com/xchannel/TURBd01EQXhORE0z","CONTENTPARAMS":"","CONTENTCONTEXT":{"mkey":""}},"tabs":[{"name":"宏观","type":"sub","id":"994","sync":"async"},{"name":"理财","type":"sub","id":"998","sync":"async"},{"name":"股票","type":"sub","id":"997","sync":"async"}],"channelInfo":{"channel":"business","channelName":"财经","url":"http://business.sohu.com"},"sidebar":{"area_1":"plugin","rightAd":"sideAd3"},"spmCCode_1_fd_1":"business-news11","spmCCode_1_fd_2":"business-news12","spmCCode_2_fd":"business-pics1","spmCCode_5_fd":"business-nav","spmCCode_2_focus":"business-pics2","spmCCode_2_news_1":"business-

news21","spmCCode_2_news_2":"business-
news22","spmCCode_3_focus":"business-
pics3","spmCCode_3_news_1":"business-
news31","spmCCode_3_news_2":"business-
news32","spmCCode_4_focus":"business-
pics4","spmCCode_4_news_1":"business-
news41","spmCCode_4_news_2":"business-
news42"},"renderMethod":"server","resourceId-
data1":"399991671700863000"},"House":{"comp":{"comp
Name":"House","compLibName":"mptcfe-fasttpl-
components-
pchome","compCisVersion":"V4","compCode":"House","
compId":null,"compVersion":null},"description":"房产区块
","isOptional":false,"disabled":false,"attrs":[{"attr":"spmCC
ode","description":"C 码
","disabled":false,"isOptional":false,"type":"DevDefaults","
defaultValue":"focus","allSetting_attrType":"string","dataT
ype":"","value":"focus"},{"attr":"navData","description":"右
侧菜单导航
","disabled":false,"isOptional":false,"type":"ContentStatic
Config","allSetting_attrType":"object","dataType":"FROM
CIS","attrType":3,"value":"House_0_0_pc_1653032450239
_navData"}],"param":{"spmCCode":"focus","navData":{"
SIZE":10,"CONTENTKEY":"房产副导航
","CONTENTTYPE":"block","CONTENTID":417,"CONTENTURL
":null,"CONTENTPARAMS":"","CONTENTCONTEXT":{"mkey":
"$$"},"data":[{"resourceData":{"businessType":55,"conten
tData":{"cover":[],"beBold":false,"id":9662,"title":"新房
","url":"https://house.focus.cn/loupan/?scm=1103.plate:
417:0.0.2.0","coverMd5":{},"routeName":"新房
"},"contentType":1,"id":"9662","titleStyle":""},"resourceType
":5},{"resourceData":{"businessType":55,"contentData":{"
cover":[],"beBold":false,"id":9663,"title":"地图找房
","url":"https://house.focus.cn/map/?scm=1103.plate:41
7:0.0.2.0","coverMd5":{},"routeName":"地图找房
"},"contentType":1,"id":"9663","titleStyle":""},"resourceType
":5},{"resourceData":{"businessType":55,"contentData":{"

cover":[],"beBold":false,"id":9664,"title":"资讯
","url":"https://house.focus.cn/zixun/?scm=1103.plate:41
7:0.0.2.0","coverMd5":{},"routeName":"资讯
"},"contentType":1,"id":"9664","titleStyle":""},"resourceType
":5},{"resourceData":{"businessType":55,"contentData":{"
cover":[],"beBold":false,"id":9665,"title":"百科
","url":"http://baike.focus.cn/?scm=1103.plate:417:0.0.2.
0","coverMd5":{},"routeName":"百科
"},"contentType":1,"id":"9665","titleStyle":""},"resourceType
":5},{"resourceData":{"businessType":55,"contentData":{"
cover":[],"beBold":false,"id":9666,"title":"海外
","url":"https://oversea.focus.cn/?scm=1103.plate:417:0.
0.2.0","coverMd5":{},"routeName":"看房团
"},"contentType":1,"id":"9666","titleStyle":""},"resourceType
":5},{"resourceData":{"businessType":55,"contentData":{"
cover":[],"beBold":false,"id":9667,"title":"在线开盘
","url":"https://www.bodiantech.com/house/?scm=1103
.plate:417:0.0.2.0","coverMd5":{},"routeName":"在线开盘
"},"contentType":1,"id":"9667","titleStyle":""},"resourceType
":5}],"URL":""},"tabs":[{"name":"房产
","url":"//www.focus.cn"},{"name":"文旅
","url":"//wl.focus.cn/"},{"name":"家居
","url":"//home.focus.cn/"}],"channelInfo":{"channel":"ho
use","channelName":"房产
","url":"//www.focus.cn"},"spmCCode_1_nav":"focus-
nav"},"renderMethod":"server"},"SohuCityChoice":{"com
p":{"compName":"SohuCityChoice","compLibName":"m
ptcfe-fasttpl-components-
pchome","compCisVersion":"V4","compCode":"SohuCit
yChoice","compId":null,"compVersion":null},"description
":"右侧城事
","isOptional":false,"disabled":false,"attrs":[{"attr":"navDat
a","description":"城市菜单列表
","disabled":false,"isOptional":false,"type":"ContentStatic
Config","allSetting_attrType":"object","attrType":3,"value"
:"sohuCityChoice_navData"},{"attr":"newsData","descrip

tion":"城事内容流
","disabled":false,"isOptional":false,"type":"ContentStatic
Config","allSetting_attrType":"object","attrType":3,"value"
:"sohuCityChoice_newsData"}],"param":{"navData":{"SIZ
E":100,"CONTENTKEY":"城事菜单数据
","CONTENTTYPE":"block","CONTENTID":614,"CONTENTURL
":null,"CONTENTPARAMS":"","CONTENTCONTEXT":{"mkey":
"$$"}},"newsData":{"SIZE":6,"CONTENTKEY":"城市精选
","CONTENTTYPE":"channel","CONTENTID":267,"CONTENT
URL":"http://www.sohu.com/xchannel/TURBd01EQXdN
alkz","CONTENTPARAMS":"","CONTENTCONTEXT":{"mkey":
""}},"spmCCode_1_news":"city-
news"}},"HotNews":{"comp":{"compName":"HotNews","c
ompLibName":"mptcfe-fasttpl-components-
pchome","compCisVersion":"V4","compCode":"HotNew
s","compId":null,"compVersion":null},"description":"右侧
24 小时热文
","isOptional":false,"disabled":false,"attrs":[{"attr":"newsD
ata","description":"内容流数据源
","disabled":false,"isOptional":false,"type":"ContentStatic
Config","allSetting_attrType":"object","attrType":3,"value"
:"HotNews_newsData"}],"param":{"newsData":{"SIZE":6,"
CONTENTKEY":"24h 热文
","CONTENTTYPE":"channel","CONTENTID":1083,"CONTEN
TURL":"http://www.sohu.com/xchannel/TURBd01EQXhN
RGd6","CONTENTPARAMS":"","CONTENTCONTEXT":{"mke
y":""}},"spmCCode_1_news":"list"}},"FunList":{"comp":{"co
mpName":"FunList","compLibName":"mptcfe-fasttpl-
components-
pchome","compCisVersion":"V4","compCode":"FunList","
compId":null,"compVersion":null},"description":"搞笑区块
","isOptional":false,"disabled":false,"attrs":[{"attr":"focusD
ata","description":"焦点图
","disabled":false,"isOptional":false,"type":"ContentStatic
Config","allSetting_attrType":"object","dataType":"","attrT
ype":3,"value":"FunList_focusData"},{"attr":"newsData","d
escription":"内容流

","disabled":false,"isOptional":false,"type":"ContentStatic Config","allSetting_attrType":"object","dataType":"","attrType":3,"value":"FunList_newsData"}],"param":{"focusData":{"SIZE":5,"CONTENTKEY":"右侧搞笑焦点图","CONTENTTYPE":"channel","CONTENTID":498,"CONTENTURL":"http://www.sohu.com/xchannel/TURBd01EQXdORGs0","CONTENTPARAMS":"","CONTENTCONTEXT":{"mkey":""}},"newsData":{"SIZE":5,"CONTENTKEY":"右侧搞笑流","CONTENTTYPE":"channel","CONTENTID":1014,"CONTENTURL":"http://www.sohu.com/xchannel/TURBd01EQXhNREUw","CONTENTPARAMS":"","CONTENTCONTEXT":{"mkey":""}},"spmCCode_1_focus":"fun-pics","spmCCode_1_news":"fun-list"}},"FloatBtn":{"comp":{"compName":"FloatBtn","compLibName":"mptcfe-fasttpl-components-pchome","compCisVersion":"V4","compCode":"FloatBtn","compId":null,"compVersion":null},"description":"右侧悬浮按钮","isOptional":false,"disabled":false,"attrs":[{"attr":"feedBackImg","description":"反馈背景图","disabled":false,"isOptional":false,"type":"ContentStatic Config","allSetting_attrType":"image","dataType":"","value":"FloatBtn_feedBackImg"},{"attr":"backTopImg","description":"返回顶部背景图","disabled":false,"isOptional":false,"type":"ContentStatic Config","allSetting_attrType":"image","dataType":"","value":"FloatBtn_backTopImg"}],"param":{"feedBackImg":"","backTopImg":""}},"ServerTimestamp":1690738680168,"GlobalConst":{"comp":{"compName":"GlobalConst","compLibName":"mptcfe-fasttpl-components-pchome","compCode":"GlobalConst","compCisVersion":"V4","compId":null,"compVersion":null},"description":"全局变量","isOptional":false,"disabled":false,"attrs":[{"attr":"themeConfig","description":"飘红配置","disabled":false,"isOptional":false,"type":"ContentStatic Config","allSetting_attrType":"object","value":"GlobalCo

nst-themeConfig-
pc","attrs":[{"attr":"startTime","type":"string","description":"
开始时间
","isOptional":false,"disabled":false,"value":""},{"attr":"end
Time","type":"string","description":"结束时间
","isOptional":false,"disabled":false,"value":""},{"attr":"bac
kgroundImg","type":"image","description":"背景图片
","isOptional":false,"disabled":false,"value":""}]},{"attr":"glo
balConfig","description":"全局变量配置
","disabled":false,"isOptional":false,"type":"RuntimeConst
","defaultValue":"globalConfig","allSetting_attrType":"stri
ng","dataType":"","value":"globalConfig"},{"attr":"spmExt",
"description":"额外上报参数配置
","disabled":false,"isOptional":false,"type":"RuntimeConst
","defaultValue":"spmExt","allSetting_attrType":"string","d
ataType":"","value":"spmExt"}],"param":{"themeConfig":{"
backgroundImg":"//p2.itc.cn/images01/20230302/7695
6038698f4cd79e095cdf94b5c5ca.png","startTime":"2023
/03/03 07:50:00","endTime":"2023/03/14
10:00:00"},"globalConfig":{"userInfo_loginStatus":false},"s
pmExt":"productId:1467;productType:13;categoryId:47;
businessTemplateGroupId:110073;appCode:smpc;med
iaId:121135924"}}} </script> <script
src=//39d0825d09f05.cdn.sohucs.com/sdk/passport-
4.0.3.js></script><script type=text/javascript
src=https://statics.itc.cn/fasttpl/pchome/prod/backbo
ne.js></script><script src=//txt.go.sohu.com/ip/soip
defer></script><script type=text/javascript
src=//statics.itc.cn/fasttpl/pchome/prod/ClientJs/2023
7271442/main-2672d49e88.js defer></script><script
type=text/javascript
src=//cpro.baidustatic.com/cpro/ui/c.js async
defer></script><script type=text/javascript
src=//cpro.baidustatic.com/cpro/ui/cm.js async
defer></script> <script
src=https://statics.itc.cn/spm/prod/js/1.0.5/spm.js></scr
ipt> <script

```
src=//statics.itc.cn/js/libpv.js></script><script
src=//images.sohu.com/bill/default/sohu-
require.js></script><script type=text/javascript
src=//www.sohu.com/sohuflash_1.js
defer></script><script type=text/javascript
src=//images.sohu.com/bill/s2015/jscript/lib/sjs/matrix/
ad/form/delivery.js defer></script><script
type=text/javascript
src=//images.sohu.com/bill/s2015/jscript/lib/sjs/matrix/
pv/pagePVmonitor.js defer></script> <script
src=//statics.itc.cn/index/reyzar.statistics-0.02-
min.js></script><script>window&&window.performanc
e&&"function"==typeof
window.performance.now&&(window.MptcfePerf?win
dow.MptcfePerf.csrfpst=+new
Date:window.MptcfePerf={csrfpst:+new
Date})</script></body></html>
```